# Pedro Puech
# Fabio Appolinário

# VIRES

## Como o vício em redes sociais pode acabar com sua vida

Dados Internacionais de Catalogação na Publicação (CIP)
(Câmara Brasileira do Livro, SP – Brasil)

P977    Puech, Pedro
        Vires: como o vício em redes sociais pode acabar com sua
vida / Pedro Puech e Fabio
        Appolinário. – São Paulo: IPPC Books, 2021.
        ISBN  9798716806078
        Bibliografia.


        1. Adicção (Psicologia) 2. Redes sociais 3. Compulsão 4.
Ansiedade 5. Depressão
        I. Puech, Pedro. II. Título.


        CDD-155.92

        CDU-159.9

# VIRES – Como o vício em redes sociais pode acabar com sua vida

Primeira Edição  -  Janeiro de 2021
Copyright © 2020-2021 - Dr. Pedro Puech Leão e Dr. Fabio Appolinário
Copyright © 2021 IPPC Books



Foto da Capa: Malcolm Lightbody - Unsplash

---

***AVISO LEGAL***

As técnicas descritas nesta obra não têm a pretensão de representar cura ou tratamento para qualquer condição médica ou psicológica. Quando em dúvida, procure sempre um psicólogo ou médico devidamente habilitados.

# SUMÁRIO

# A NOVA CAIXA DE PANDORA

Este livro não é contra as redes sociais. Os autores participam de algumas delas. São úteis e podem ser um instrumento de confraternização, de apoio ou de difusão de ideias nobres. É sobre o vício e sobre o enorme potencial que elas carregam para causar dano, quando usadas com exagero obsessivo, de que se trata. Redes sociais não são ruins desde que usadas com moderação, como qualquer outra coisa. A intenção foi a mesma que levou outros autores a escreverem sobre o alcoolismo: nada contra o vinho. Milhões de pessoas apreciam um bom vinho, uma boa cerveja. Ser alcoólatra é diferente.

Talvez você encontre aqui algumas reflexões que o ajudem a entender algumas poucas pessoas que conhece e que são viciadas em redes sociais. Se você está lendo, então você provavelmente não é viciado em redes sociais, porque viciados em redes sociais não costumam ler livros. Mas talvez encontre aqui algo de útil, para si ou para pessoas que ama e queira ajudar.

As redes sociais não causam mal por si, assim como outras atividades humanas. Qualquer ferramenta pode ser bem ou mal utilizada. Muitas atividades podem ser inofensivas, ou mesmo benéficas, quando praticadas com moderação, mas podem causar grande dano quando seu uso é exagerado. Mas é fato que algumas ferramentas trazem um potencial de uso indevido muito maior do que outras, pela força e abrangência que têm. As redes sociais estão nessa categoria. Não são prejudiciais por si mesmas, mas seu potencial de dano é enorme se forem usadas em excesso.

Há mais de dois milhões de anos, um dos nossos ancestrais conseguiu usar uma pedra pontuda, acoplada a um pedaço de madeira, para fazer uma machadinha. Não sabemos bem como isso evoluiu na época, mas podemos imaginar que a primeira ideia era quebrar frutas de casca mais dura, abater animais para comer, partir galhos de árvores para construir abrigos ou criar outros instrumentos. Logo verificaram que servia também para agredir outras pessoas, ou mesmo matar. Talvez para se defender, mas em certo momento também para tomar o espaço de outros humanos concorrentes. Há vários usos possíveis para uma machadinha. Com o tempo surgiram novas armas para a caça ou para a guerra, desde as lanças, passando pelo arco-e-flecha, pela espada, pelo revólver, pela metralhadora e pela bomba, até a mais letal, que é a arma nuclear.

Bebidas alcoólicas existem desde séculos antes da nossa era. O vinho era produzido em 3.000 a.C., e alguns acreditam que já existia em 8.000 a.C. A cerveja é tão antiga quanto o vinho. Esses produtos não fazem grande mal se forem usados em doses moderadas. Estudos mostraram que o vinho tinto, em pequenas doses, pode fazer bem e prolongar a vida. Milhões de pessoas tomam bebidas alcoólicas em ocasiões sociais sem tornarem-se viciadas. O uso abusivo de álcool, porém, causa doenças físicas e mentais que podem destruir o indivíduo e sua família. O vinho, em si, não é um problema; o alcoolismo sim.

Os jogos de salão são um pouco mais recentes: a arqueologia posiciona seu início por volta de 2.600 a.C. Ao longo dos séculos têm servido para distrair, animar e mesmo para confraternizar. Na antiguidade eram praticados em pequenos grupos de pessoas que se conheciam. Ainda nos dias atuais, muitos gostam de se reunir em pequenos grupos, a cada mês ou a cada semana, para um jogo de cartas. Pessoas sadias passam parte do tempo livre jogando tranca, poker, dominó e outros jogos. Os cassinos, locais onde centenas de pessoas jogam com outras desconhecidas (e frequentemente com máquinas), são bem mais novos. Assim mesmo, muitos vão a um cassino ocasionalmente, divertem-se um pouco, tentam a sorte e se vão, sem grandes perdas. Mas há pessoas que se tornam viciadas em jogo. Essas destroem a família e o patrimônio.

Os instrumentos, por si, não fazem nenhum mal. Seu uso pode ou não causar danos, mas o abuso pode causar tragédias.

Os males da bebida alcoólica dependem de quanto a pessoa ingere. Alguns são abstêmios, e passam a vida sem tomar nenhuma gota. Outros apreciam duas taças de vinho no jantar de sexta, ou uma caipirinha antes da feijoada do sábado, ou duas ou três latas de cerveja durante o churrasco de domingo. E há os alcoólatras, que bebem todos os dias começando pela manhã. Os dois primeiros não causam nenhum mal a si mesmos ou aos outros; o viciado causa mal a ele próprio e a todos os que estão próximos. É uma questão de grau. Jogar cartas com os amigos, vez ou outra, pode ser uma forma de manter a amizade e passar o tempo de forma agradável. O vício do jogo arruína uma vida.

É a disponibilidade dos instrumentos que faz nascer o abuso em pessoas predispostas. Quanto maior a disponibilidade e mais potente o instrumento, maior o risco. A machadinha podia eliminar um inimigo de cada vez. O revólver, cinco em seguida. A pistola automática alguns mais e a metralhadora, dezenas. Mísseis podem atingir centenas e a bomba atômica, milhões (lembrando que a energia nuclear pode ser usada também com fins pacíficos). O dedo é um só, puxando um gatilho ou apertando um botão, mas armas mais poderosas causam danos maiores quando usadas indevidamente. Você pode ter acesso a uma bomba atômica e nunca usá-la, mas ninguém discorda que o risco de você matar milhões é maior do que se dispusesse de uma machadinha. Você pode ter acesso a bebidas alcoólicas e não bebê-las, ou fazer isso com moderação, mas se morar ao lado de um pub aonde vai todas as noites, o seu risco é maior. Você pode ter um grupo de amigos que jogam cartas uma vez por semana, e pode jogar com eles sem se arruinar; mas se tomar dinheiro emprestado e for passar uma semana por mês em *Las Vegas* ou *Punta del Este* pode vir a ter um enorme problema.

Tudo é uma questão de grau, sim, mas algumas ferramentas têm um grau limitado de dano, enquanto outras oferecem possibilidades infinitas. São estas que oferecem o maior risco. As redes sociais pela internet estão nessa categoria. São muito disponíveis, de fácil acesso e sem fronteiras. Estudos mostraram que um usuário médio nos Estados Unidos dedica cerca de 1,7 horas diárias à rede social. Mostraram também que, normalmente, uma pessoa checa seu celular cerca de 80 vezes por dia, ou uma vez a cada 12 minutos. Não há limite para esse uso; uma pessoa pode fazer isso com moderação e se divertir ou pode entrar numa obsessão que a leva a perdas enormes.

As redes sociais não criaram doenças, comportamentos ou atitudes. Vamos mostrar que todos os comportamentos que as pessoas têm nas modernas redes sociais já existiam antes delas serem criadas. Nada de novo sob o sol. A natureza humana não mudou, apenas as ferramentas passaram a ter mais alcance e, por isso, se tornaram mais perigosas. Quanto mais poderosa a arma, maior o dano possível se o indivíduo não souber usá-la. As redes sociais são ferramentas úteis em centenas de situações, mas têm um poder de difusão e uma facilidade de uso que podem exacerbar uma série de características próprias do ser humano, a ponto de causarem dano tão grande quanto o alcoolismo, as drogas ou o jogo compulsivo.

As redes sociais não criaram a caixa de Pandora, nem a abriram. Mas talvez tenha arrancado a tampa.

# VIRES

Desde que Vires comprou o primeiro telefone celular tipo smartphone, o aparelho foi se tornando seu melhor amigo e companheiro. Hoje, ele é o primeiro contato dela com o mundo, ao acordar. No começo, olhar o celular era a segunda coisa que ela fazia pela manhã, depois de desligar o despertador. Há tempos passou a ser a primeira; o celular é o próprio despertador. Ela verifica as redes antes de se levantar da cama, de tomar banho ou de comer qualquer coisa. Antes mesmo de urinar ou, algumas vezes, enquanto urina.

Vires (eu sei que o nome é estranho, mas você conhece outras pessoas com nomes estranhos) não se separa do celular. Escova os dentes com o celular ao lado, uma mão na escova e outra na tela *touch-screen*. Toma banho com o celular bem próximo, só não o leva para o chuveiro porque ele, apesar de ser a prova de água, não responde bem a dedos molhados. Deixa-o sobre o gabinete do banheiro e, se ele chamar, enxuga uma das mãos e sai da ducha para ver de que trata o alerta. Às vezes, se dá ao luxo de um banho na banheira, e nessas ocasiões o amigo está bem em suas mãos. Faz as refeições com o celular ao lado e interagindo com ele. Assiste programas na TV ao mesmo tempo em que responde mensagens, com uma capacidade incrível de desempenhar duas tarefas ao mesmo tempo. Às vezes perde uma parte do filme da TV por distração, mas nunca perde um segundo do que o celular diz. Se o prédio pegar fogo, ela vai salvar esse amigo. Em reuniões sociais ou em festas, gasta a maior parte do tempo na sua relação com o celular, por mais interessante que possa ser a companhia das pessoas fisicamente presentes. No trabalho, Vires sempre está com o celular na mão ou na mesa. Durante reuniões profissionais ela é um pouco mais discreta e usa o celular no colo, abaixo do nível da mesa. Se o celular fizer *plim* durante uma entrevista pessoal, ele tem preferência. "Desculpe, só um minutinho." "Ok, vamos continuar."

Já faz algum tempo que Vires leva o celular quando vai ao banheiro, um momento íntimo para privar com o amigo. Nas vezes em que não levou, experimentou uma estranha obstipação. Vai ao cinema com o celular, ao teatro, ao almoço em família, ao jantar com as amigas, à festa de casamento, enfim, um companheiro inseparável. É o último de quem se despede na hora de dormir, e a cada dia dorme mais tarde porque avança pela noite aproveitando a companhia desse grande parceiro.

Como a bateria do amigo não consegue dar conta de um uso contínuo durante todo um dia, ela tem sempre à mão cabos de carregamento. Tem na sala, no quarto, no carro e, ao chegar a qualquer lugar verifica imediatamente se está disponível uma porta de carregamento de celular. Ficar sem bateria é um pesadelo que ela não quer ter. Perder o celular seria uma tragédia grega. Mas ela nunca perdeu, porque ele faz parte dela como uma extensão do braço; seria como esquecer a mão em qualquer lugar, ela nunca esquece. Esse é, aliás, um ótimo exame diagnóstico: a pessoa que esquece o celular com frequência provavelmente não é viciada. Se demorar algum tempo para perceber que esqueceu, definitivamente não é.

Um amigo tão especial merece um tratamento especial: ela compra regularmente roupas novas para ele (capinhas), adorna com adesivos e mima com presentes. Caixa de som externa, suporte de mesa, suporte para o carro, fones de ouvido. Vires é muito fiel ao seu celular, mas com uma fidelidade um pouco genérica, ou seja, se ele se quebrar ou for roubado, ou mesmo se ela se cansar do modelo, troca por outro mais moderno sem hesitação. Transfere o vínculo afetivo com rapidez, mas a essência do vínculo permanece.

O celular mudou sua vida. Antes, ela sabia de cor os números de telefone da família e melhores amigos. Também sabia o dia de aniversário de muitas pessoas próximas. Agora não é mais necessário, o celular sabe. A vida dela parece ter melhorado, ela já não se importa de estar sozinha, porque nunca está. Não se sente triste, porque há sempre um vídeo com cãezinhos fofos para alegrar. Não há mais tédio, há dezenas de jogos e um número de imagens que suplanta qualquer revista impressa. Se o dentista atrasar meia hora, isso já não é mais motivo de irritação; ela está em boa companhia.

Vires é, então, viciada em telefone celular? Não. Na verdade, embora chamemos de telefone celular, a única função do aparelho que ela raramente usa é a de fazer ligações telefônicas. Exceto em emergências (e, às vezes, mesmo em emergências), toda a comunicação é feita através de textos digitados, mensagens de voz, imagens ou símbolos (emojis). Nas poucas vezes em que fala diretamente com pessoas, usa a rede social para fazer isso. Com imagem, sempre que possível.

Há quem considere o celular como sendo o objeto do vício. Um novo termo foi até mesmo criado: nomofobia (do inglês *no mobile phone phobia*), e alguns sugeriram que isso fosse incluído no DSM[1]. Os principais critérios seriam: uso regular ocupando muito tempo diário, sensação de ansiedade quando afastado do telefone, verificação frequente e obsessiva de chegada de novas mensagens ou notificações, manutenção do aparelho disponível em todos os momentos, preferência por comunicação online sobre a conversa face a face, mesmo que fosse possível, e problemas financeiros ligados ao excesso de uso. Mas o celular pode ter muitos usos, e esses variam para cada pessoa. Algumas não se afastam dele, por exemplo, por terem profissões em que chamados de emergência podem ser feitos a qualquer momento. A maioria dos especialistas hoje acredita que o instrumento não é o que vicia, e sim o uso que se faz dele, ou alguns aspectos desse uso. Para esses, falar em viciados em celular seria como dizer que um alcoólatra é viciado em garrafas de vidro.

Vires é uma viciada em redes sociais. Antes que venham em passeata protestar pela nossa escolha da personagem, dizemos que o vício não escolhe gênero. Pesquisas feitas sobre isso mostraram resultados diferentes conforme o país e a cultura: na Noruega, a maioria dos viciados em redes sociais está no gênero feminino; na Turquia parece ser o contrário, e na China os testes indicam um equilíbrio entre os gêneros. A maioria das pessoas lida com a rede social com moderação e de forma equilibrada, e muitas nem participam dela. O vício atinge uma pequena minoria, em todos os gêneros, assim como o vício no jogo ou no álcool. Todos os vícios mais frequentes não distinguem gênero, mas são desvios da regra e afligem poucas pessoas. Se você conhece alguém como Vires, vai facilmente identificá-lo ou identificá-la com esta personagem. Se você sofre do mesmo mal, provavelmente não vai se reconhecer, assim como o alcoólatra diz "eu não estou bêbado".

O vício em redes sociais tem algumas características comuns a todos os tipos de vício: importância, modificação do humor, abstinência, tolerância e recaída.

**Importância**, quando a atividade passa a ocupar uma parte substancial da vida diária, ocupando tempo que seria usado para outras tarefas, reduzindo o tempo de trabalho, de convívio social não virtual, de outras atividades de lazer, de atenção à família ou mesmo de reflexão e introspecção.

**Modificação do humor**, quando este é alterado pelo uso. Como ocorre com drogas, a pessoa começa a experimentar certo grau de êxtase enquanto está na rede social e alguma melancolia ou tédio quando não está.

**Abstinência** é quando a falta causa sintomas de ansiedade, muitas vezes com manifestação física. Ficar sem acesso, por problemas técnicos, causa intensa angústia. Viciados em rede social evitam ir a lugares onde não haja *wifi* de qualidade; é a primeira preocupação ao reservar um hotel ou escolher um restaurante. Estar numa área onde o sinal de internet seja precário é inadmissível, e surge um desejo enorme de sair dessa situação procurando uma área onde o acesso seja possível.

**Tolerância** significa que quantidades cada vez maiores precisam ser consumidas para obter satisfação. Todos os vícios alteram o sistema cerebral de recompensas, que é mediado por hormônios, principalmente a dopamina. Na evolução do vício, alguns minutos já não são suficientes para obter essa recompensa; a partir de certo ponto, horas já não bastam.

**Recaída** é quando a abstinência forçada ou voluntária é seguida de uma retomada nos mesmos níveis de atividade ou em níveis mais altos.

Quando alguém disse a Vires que ela estava exagerando nesse negócio de rede social, ela respondeu surpresa: "Você é que está vivendo num tempo que já não existe. Eu sou perfeitamente normal. Hoje, todo mundo é assim."

O conceito de normal é algo bem difícil de definir. A forma mais aceita e clássica é a do matemático Carl Gauss, que no século XIX representou-a pela famosa curva em sino, chamada curva de Gauss. Quando dizemos que fulano está "fora da curva", é dessa curva que estamos falando. Além desse conceito estatístico, também há um conceito de saúde. Neste, normal é toda pessoa que não apresenta uma doença, independente da proporção na população. Numa pandemia, se mais da metade das pessoas ficarem doentes não significa que estar doente é normal. Da mesma forma, se 60% das pessoas num país tiver obesidade, ser obeso pode ser normal estatisticamente, mas não é saudável.

Não sabemos quantas pessoas sofrem de vício em redes sociais, mas a observação empírica diz que é uma minoria. Algumas pesquisas apontam para proporções em torno de 4,5% a 6,5% em determinadas populações, mas isso pode variar com a cultura, a classe social ou a faixa etária. As redes se expandiram tanto nos costumes contemporâneos que o vício não é reconhecido ou não causa preocupação entre os amigos e familiares. "Deixa ele, isso não faz mal nenhum, está se divertindo". Muitos pais consideram que é mais seguro para os filhos ficarem o dia todo na rede do que estarem expostos aos perigos da rua, sem consciência dos perigos de adquirirem um vício que pode mudar a vida dos filhos para sempre.

Vires faz parte desse grupo de viciados. Quando ela diz que *todo mundo é assim*, tem uma visão equivocada. Há uma diferença entre as expressões *todo mundo* e *todo o mundo*. A primeira diz respeito a pessoas que estão à nossa volta, num microuniverso ao qual pertencemos, exatamente por termos selecionado aqueles que se parecem conosco e têm os mesmos hábitos. *Todo **o** mundo* é um universo muito maior. Até a chegada dos europeus, poderia parecer a um índio tupi que *todo **o** mundo* andava nu, pois ele via apenas uma fração do universo de habitantes do planeta. O que a Vires parece *todo o mundo* é, na verdade, uma pequena parte do mundo.

# GRUPOS, TRIBOS E AMIGOS

## Somos Animais Tribais

Nos primórdios da humanidade, o universo de cada pessoa era a tribo, com sua própria diversidade. A tribo era definida por uma área geográfica, possível de ser percorrida a pé. Nas grandes cidades, a "tribo" passou a ser um conjunto de pessoas com interesses semelhantes, dentro de uma área muito maior. Podemos não conhecer o nosso vizinho ao lado, mas temos afinidade com pessoas de outros bairros que gostam das mesmas coisas que nós. Ainda assim, há uma relação interpessoal real. Não andamos em tribos apenas porque está no nosso DNA. A participação na tribo tem vantagens individuais para cada membro. Ser bem aceito ajuda a sobreviver, traz recompensas e alegrias. Faz com que nos sintamos membros de um grupo, e ajuda nossa tomada de decisões. Somos tribais.

Grupos de WhatsApp são muito úteis. Para troca de informações coletivas, como combinar um passeio no próximo fim de semana, são mais eficientes do que a comunicação individual por telefone ou mesmo por mensagem, já que todos leem as mesmas mensagens. E também podem funcionar como pequenas tribos, o que traz as mesmas recompensas de uma tribo física. Tribais em ambiente físico ou virtual, nada de novo. O problema está no exagero.

Vires participa de muitos grupos de WhatsApp, na maioria com características de tribo. Isso faz com que ela aproveite todas as vantagens de pertencer a um grupo, não fosse o fato de que são vários. No mundo primitivo, cada pessoa fazia parte de uma tribo, tinha com ela obrigações e obtinha recompensas. Neste novo mundo, é preciso estar presente em muitas, o que multiplica as tarefas sem obrigatoriamente aumentar a recompensa. No mundo físico é educado dar bom dia às pessoas pela manhã, mas são poucas. Vires precisa dar bom dia todas as manhãs em vários grupos de WhatsApp (além das pessoas com quem se encontra fisicamente), o que aumenta sua carga de obrigações e a energia gasta. Numa tribo física, se a pessoa desaparece durante um tempo mais longo do que o habitual do grupo, todos ficam preocupados e saem à sua procura. Assim é na família, no trabalho e na vizinhança. Os grupos de WhatsApp dos quais Vires participa agem da mesma forma. Se ela não interagir durante um dia, o grupo se preocupa e cobra. Em muitos, deixar passar um dia sem digitar bom dia causa mal-estar geral. Deixar de comentar alguma mensagem é considerado como indiferença, orgulho ou sinal de depressão. Nada de novo nisso, exceto o volume. Participar de várias tribos virtuais pode ser extremamente exaustivo e consumir muita energia, levando a ansiedade e exaustão. O passo seguinte é subtrair tempo de contato com a tribo física para suprir todas as necessidades incessantes das "WhatsTribos".

As redes sociais mais genéricas, como Facebook, Instagram, Twitter, Pinterest, não exigem respostas muito rápidas. Você pode comentar uma postagem ou dar um *like* algumas horas depois (apesar de que ser o primeiro a comentar mostra um vínculo de amizade maior). Na WhatsTribo a resposta tem que ser imediata. Não adianta dar bom dia depois do almoço, nem boa noite no dia seguinte. Não responder de imediato pode significar indiferença. Por isso o aplicativo faz um som a cada mensagem enviada.

O famoso *plim* pode ser desligado, mas as mensagens continuam aparecendo na tela quando entram. Como Vires está sempre com o celular à vista, ela vê esses avisos. Se estiver desempenhando qualquer outra tarefa, o aviso luminoso chama sua atenção. Esses avisos luminosos também podem ser desligados nas configurações, mas ela não tem coragem para fazer isso. Aliás, não tem coragem nem para desligar os avisos sonoros. Afinal, a mensagem pode ser urgente. Você pode pensar que, se alguém estiver numa situação de urgência e não receber resposta da mensagem vai entrar em contato por outros meios de comunicação como, por exemplo, uma ligação telefônica pelo celular. Mas no mundo de Vires (ao menos no mundo em que seu cérebro funciona), isso não acontece, porque as pessoas sabem que ela está sempre ligada no aplicativo. Se uma mensagem for urgente e ela não vir, o outro vai assumir que ela viu e não quis responder, pois a possibilidade de estar desligada do aplicativo não existe nessa cultura. É claro que a maioria das mensagens não é urgente; muitas são apenas memes ou repasses de piadas. Mas... Como saber, se não verificar? O resultado é uma vigilância e uma prontidão constante, extremamente exaustiva e que acaba por prejudicar a saúde e as verdadeiras relações interpessoais. Vires gosta de estar em família, gosta de sair para jantar com um grupo de amigos, mas tem que dividir esses momentos com a rede tirânica. É como se você tivesse uma caixa de correio na sua casa com o carteiro passando centenas de vezes por dia e soando uma sirene a cada vez que coloca uma carta. Não admira que ela esteja exausta.

## Um milhão de amigos

*Eu quero ter um milhão de amigos e bem mais forte poder cantar.*
*Roberto Carlos e Erasmo Carlos*

As redes sociais alteraram a geografia e misturaram tudo: o círculo de amizades passou a ser composto de pessoas que estão distantes, muitas delas em outras cidades, países ou mesmo continentes. Pessoas que podemos nunca ter visto pessoalmente. Ao contrário do vizinho ao lado, que podemos não conhecer bem, mas vemos sempre, na rede social é possível ter amigos com quem interagimos frequentemente sem nunca termos visto. Em muitos casos podemos nem saber seus nomes, pois usam codinomes.

Ao longo da vida, no mundo real, estamos sempre ampliando ou reduzindo nosso círculo de amizades. Fazemos amigos, inicialmente, no ambiente cotidiano. Na escola, depois no trabalho. Aumentamos o círculo em ocasiões sociais, reuniões, festas, bares etc. Amigos se multiplicam, fazemos novos amigos conhecendo amigos de amigos. Novas pessoas são conhecidas e se tornam amigas. As expressões *conhecido* e *amigo* têm conotações diferentes. Com os conhecidos dividimos apenas informações gerais. Para os amigos revelamos algo sobre nós mesmos e, quanto maior a amizade, mais dividimos aspectos da nossa intimidade. A palavra *amigo* vem do latim *amicus*. O radical é o mesmo da palavra *amor*. As redes sociais chamam nossos contatos de *amigos* (Facebook) ou de *seguidores* (Instagram).

Vires tem 3200 amigos no Facebook (a rede limita a 5000). Dentre esses, há 2700 que ela nunca viu. Ela foi incluindo esses amigos por sugestão da rede, pois são amigos de outros amigos. Sim, no mundo real essa é uma forma de fazer novos amigos, através de outros. *Se é amigo do meu amigo, então vale a pena conhece-lo*. Mas a rede social não funciona assim. Vires inclui alguém como amigo (ou amiga) porque é amigo de outro amigo, mas aquela pessoa também incluiu pelo mesmo motivo. Se ela perguntar ao outro se conhece aquela pessoa, frequentemente ele vai responder que é amigo de outro amigo. Nessa cadeia, muitas vezes nenhuma das pessoas envolvidas sabe mais quem são os seus amigos e de onde vieram, originalmente. São estranhos que viraram "amigos". É claro que todo amigo que temos foi um dia um estranho, mas nesse caso ela tem milhares de amigos que continuam sendo, na verdade, estranhos, no sentido de que não sabe sobre eles nada mais do aquilo que eles se dispõem a revelar na rede social. A rede usa algoritmos para aumentar o número de amigos, sugerindo novos, pois isso faz sua abrangência ser cada vez maior. O amigo do amigo foi adicionado, não por ter sido apresentado pelo seu amigo, mas por sugestão da própria rede com base nesses algoritmos. Seu amigo não sabe que essa sugestão foi feita, e pode nem ser informado de que você adicionou essa amizade, ao contrário do que acontece no mundo real.

No mundo físico, conhecemos uma pessoa usando diversos recursos do nosso cérebro, na maioria intuitivos. A linguagem corporal e facial; o olhar, como olha e para onde; a postura corporal, a maneira como se senta ou como caminha, os detalhes do ambiente onde está. Se eu vou à sua casa não vejo apenas a casa, mas também pequenos detalhes como objetos, fotos, quadros e a maneira com que você dispõe as coisas. Tudo isso, e muito mais, faz parte de um conhecimento intuitivo e frequentemente inconsciente sobre aquela pessoa. Na rede social isso também ocorre, mas são inúmeros os filtros. Vejo apenas aquilo que você quer mostrar. É claro que, se vou visita-lo no mundo real, você dá uma arrumada na casa. Mas, sempre, centenas de detalhes permanecem e revelam algo sobre você. No mundo virtual esses detalhes se perdem, e vejo apenas aquilo que você selecionou. É como conhecer uma pessoa em um palco onde o cenário é cuidadosamente escolhido e nem sempre verdadeiro.

É claro que existem redes sociais com objetivos específicos, para pessoas com interesses comuns. Um exemplo disso são as redes de leitura (Skoob, no Brasil; Goodreads nos países de língua inglesa). Nestas, as pessoas revelam e comentam o que leram e o que estão lendo. Outras se formam em torno de esportes, cinema, hobbies e vários campos de interesse. Aqui estamos falando das redes onde são compartilhadas as vidas pessoais, onde intimidade e privacidade se tornam palavras de difícil interpretação.

A se acreditar em Bem Mezrich (Bilionários por acaso, 2011, Ed. Intrinseca, Rio de Janeiro), o Facebook nasceu de uma ideia simples:

*Um site no qual se podiam comparar fotos de duas alunas da graduação e votar na mais gata – e esperar alguns algoritmos complexos calcularem qual era a menina mais gata do campus (...)*

Parece que a rede nasceu da frivolidade. Porém, a partir do seu lançamento em 2004, expandiu-se de forma exponencial, e tem hoje mais de 2,2 bilhões de usuários mensais. Abriga páginas de empresas, de serviços, de ideias, de política (foi acusada de interferência nas eleições norte-americanas), de arte e de ciência, entre outras atividades. Tem enorme utilidade para difusão de ideias. Mas, para o viciado, o pecado original permanece vivo...

# SEGUIDORES E LÍDERES

Sempre existiu gente seguindo gente. Personagens históricos tinham seguidores, assim como pensadores, artistas, políticos e, especialmente figuras religiosas como Buda, Maomé ou Cristo. Em geral, as pessoas seguem outras para absorver o produto do seu trabalho ou atividade. Seguimos um músico pelo interesse em sua música, um escritor para conhecer suas ideias, um político pelas suas propostas.

No mundo real, para haver seguidores é preciso haver líderes. Uma pessoa pode seguir mais de um líder, dependendo do interesse no momento ou da área de atuação. Se gostamos de cozinhar, seguimos chefs renomados; se queremos estar bem vestidos, seguimos pessoas que são conhecidas pelo bom gosto em roupas e assim por diante. Isso também acontece no mundo virtual. Há pessoas que acumulam seguidores anônimos por divulgarem o que vestem, onde jantam, para onde viajam. São chamadas de *influencers*. Nada de novo nisso, e nada de errado.

Muitas pessoas e empresas criam perfis na rede social para divulgar seu trabalho. Quanto mais seguidores tiverem, maior a repercussão desse trabalho e, portanto, mais sucesso empresarial ou profissional. Há algumas atividades em que o trabalho da pessoa se confunde com sua imagem pessoal – por exemplo, atores, modelos ou alguns músicos. Ser um *influencer* também é um trabalho, pois o objetivo é obter dinheiro, através de patrocínio, por ter coletado milhares de seguidores que procuram consumir aquilo que ele consome. É uma profissão, como qualquer outra. Apenas um novo veículo para uma prática antiquíssima: antes das redes, pessoas famosas já anunciavam na mídia impressa, no rádio e na TV: sabonetes, biscoitos, automóveis e bancos de investimento. Pessoas famosas também são seguidas simplesmente para conhecer sua vida privada. A palavra fã tem origem no inglês *fan*, redução do termo *fanatic*. Sim, quando a pessoa se torna fã pode chegar ao fanatismo de querer acompanhar o dia a dia de Paul McCartney, seu café da manhã, seu passeio, seu camarim e tudo o que ele faz durante o dia. Já não basta conhecer sua música e saber em primeira mão quando ele lança uma nova canção. É preciso entrar em sua vida privada e pessoal.

Seguir líderes é normal. Porém, o simples interesse pela vida das pessoas comuns, quando não há nada a ser seguido exceto o seu dia-a-dia, entra em outra categoria de comportamento. Todos sempre seguimos alguns líderes (os líderes também têm líderes) e, quando seguimos, temos uma admiração tal por eles que desejamos secretamente também sermos líderes. Mas, para ser líder, é preciso ter um diferencial em algum aspecto da vida.

O que as redes sociais criaram de novo é o seguidor sem líder. Cada pessoa tem seus seguidores, e se sente líder, como se estivesse sendo seguida por alguma qualidade especial, mas não está liderando ninguém. É um sistema em que milhares seguem outros milhares, em círculo, num sistema em que cada um se imagina como líder. De fato, se parece mais com uma rede ou uma malha do que com uma corrente; impossível saber quem está na dianteira e quem segue quem. Todos seguem todos o tempo todo.

Vires tem mais de 10.000 seguidores. Ela trabalha, tem um emprego e uma profissão, mas nenhuma das postagens reflete isso. Elas refletem o seu dia-a-dia, que não é muito diferente do de qualquer outra pessoa. Vires quer ser conhecida e admirada, mas não pretende ganhar dinheiro com isso nem fazer disso sua profissão. Quer seguidores e *likes*, nada mais. Entre seus 8000 seguidores no Instagram, 3200 no Facebook e outros tantos no Twitter, há alguns milhares que ela não conhece pessoalmente. Muitos são perfis falsos, conhecidos na rede pelo termo *bots*. O New York Times, numa matéria investigativa em 2018, apurou que 15% das contas no Twitter são bots, e um número grande de contas é constituída de clones, ou seja, contas de pessoas reais que são invadidas e copiadas com o mesmo nome e o mesmo perfil, mas que passam a ser operadas por outra pessoa ou empresa[2]. As redes sociais admitem que isso existe, mas alegam que o número é mínimo e que estão permanentemente combatendo a prática. Mas, para elas, não faz muita diferença, pois quanto mais seguidores você tiver, verdadeiros ou falsos, mais você vai usar a rede. Uma simples busca na internet pelo termo "Instagram followers" traz diversos anúncios de empresas oferecendo seguidores. Muitas oferecem esse serviço grátis, mas só é grátis na degustação, depois é cobrado. Os preços oscilam entre 3 e 200 dólares, dependendo de quantos amigos você compra.

Vires já ouviu falar que isso existe, mas está certa de que seus seguidores são todos reais, porque ela nunca comprou seguidores. Porém, como ela não conhece a maioria deles, não tem como ter certeza, pois foi aceitando essas pessoas no seu perfil a partir de sugestões da rede ou seguindo seguidores de outras pessoas. Ela acredita que todos são gente real que a admira, e está feliz assim.


## O prazer de espiar e ser espiado

O interesse pela vida privada dos outros não é novo. Se você vivesse em uma pequena cidade no século XVIII conheceria o frequentador do banco da praça e a moça da janela. O primeiro era usualmente um desocupado ou pouco ocupado, que passava horas sentado observando todos os transeuntes. A moça, numa época em que as mulheres não participavam do mercado de trabalho e não podiam se sentar sozinhas na praça, ficava horas à janela, observando a passagem de todos. Com o tempo, ambos conheciam todos e sabiam tudo o que acontecia na cidade, ou, pelo menos, o que se mostrava na rua. Nos países nórdicos, onde o clima é muito frio, era comum, no passado, as casas terem espelhos fora das janelas para que se pudesse ver quem passava na rua sem se levantar da poltrona (na língua inglesa esses espelhos são chamados de *gossip mirrors*, espelhos de fofoca). Quando as cidades cresceram, isso ficou mais difícil. Ainda assim, há quem compre um telescópio e se distraia olhando as janelas dos prédios no lado oposto da rua. São os *espiadores*, um termo que ganhou maior significado pela famosa frase de Pedro Bial no programa Big Brother: "Vamos dar uma espiadinha?".

É claro que não é fácil escapar do olhar do vizinho do telescópio ou da moça da janela, mas nem todos querem escapar. As pessoas são diferentes. Algumas não gostam de serem observadas, outras não se importam e algumas sentem prazer nisso, fazendo tudo o que puderem para que aconteça. São os *exibidos*. Para esses, a postagem de fotos traz gratificações como afeto, atenção, revelação e influência social.

Quando o *espiador* encontra o *exibido*[3], os complementares se alimentam. Assim mesmo, se restritos a um ambiente físico, encontram limites. Mas a rede social multiplica as possibilidades de uma maneira que tende ao infinito. A moça da janela se mudou, no início, para o monitor do computador. Ainda assim, era necessário sentar-se na frente dessa nova janela eletrônica. Quando vieram os smartphones, a janela deixou de ser fixa. Pode ser levada à mesa de jantar, ao banheiro, ao cinema, pode estar no carro quando fecha o semáforo. Não há mais limites, e aparece a oportunidade de instalar-se o vício.

O interesse pela vida dos outros é diretamente proporcional à monotonia da vida da própria pessoa. Por isso ele é tão difundido: a vida da maioria de nós é bastante monótona. Mesmo que vivamos fases de extrema tensão ou estejamos envolvidos em projetos que absorvam todo o nosso tempo, isso ocorre apenas em alguns períodos da vida, que se alternam com outros, longos, de monotonia e rotina. Mas a observação dos outros na rede social tem uma característica singular: pessoas diferentes a veem de formas diferentes. Para a maioria, a rede social virtual é uma extensão da rede social real; para muitas, porém, é dissociada, como se fosse outro mundo ou outra dimensão. Se Vires der uma festa em casa e surpreender a vizinha espiando com um binóculo, ficará indignada. Mas ela mesma filma e fotografa a festa inteira e depois publica para milhares de seguidores que conhece pouco ou nem sequer conhece. Afinal, o anonimato é da plateia, e não do ator.

A exibição da vida privada nas redes sociais (sem que isso seja uma parte da profissão, e sim pelo simples desejo de ser visto), tem também uma relação com o narcisismo. Por definição, o narcisismo é um amor excessivo por si mesmo, com sensação de superioridade e necessidade de chamar a atenção. É normal em crianças até os seis anos, como forma de se defenderem antes da formação completa da personalidade. Quando persiste na vida adulta, pode representar um distúrbio da personalidade em grau leve ou patológico. O termo vem do mito grego de Narciso, um belo jovem que se apaixonou pelo reflexo da sua própria imagem. Os narcisistas têm dificuldade de regular sua autoestima; muitas vezes tendem a desvalorizar os outros e sentem prazer em se aproximar de pessoas especiais ou célebres, porque acreditam que fazem parte daquele universo, e não do universo das pessoas comuns. Gostam de ser admirados por sua beleza, inteligência ou capacidade, por seu prestígio e influência; sentem-se mal quando criticados. Aproximam-se das pessoas que os elogiam, não por uma empatia saudável, mas por uma sensação de superioridade estimulada pelo outro. Como o narcisista acredita ser especial e único, frequentemente se perde em fantasias de grandes realizações, de poder ou de amores perfeitos.

O narcisismo não deve ser confundido com o Distúrbio da Personalidade Histriônica (DPH). Esse se caracteriza pelo uso da aparência física a fim de chamar a atenção dos outros. O indivíduo com DPH procura atingir resultados através da sedução ou provocação, conquistando novos amigos no ambiente social ou colaboradores no trabalho. Ao contrário do narcisista, que se acha superior, mas nem sempre precisa de reforço, o histriônico quer ser sempre o centro das atenções. São pessoas que se vestem de forma provocante, não apenas em ambientes de conquista social, mas também no trabalho. Trocam de ambiente quando não se sentem admirados, pois não suportam fazer parte de um grupo em que sejam parecidos com os demais. Ao mesmo tempo, são extremamente sugestionáveis e se adaptam para impressionar os membros de cada grupo.

O narcisismo e a personalidade histriônica são antiquíssimos. Não representam nenhuma modernidade. O egocentrismo também é antigo. Porém, essas características ficaram mais frequentes a partir das últimas décadas do século XX, estimuladas por correntes de pensamento que estimularam o *eu* acima do *outro*. Algumas correntes da psicologia passaram a tratar os pacientes com base exclusivamente no fortalecimento da autoestima, sem considerar, ou até criticando, as relações interpessoais. Uma enxurrada de livros de autoajuda, com títulos como "Apaixone-se por Si Mesmo", "Ame a Si Mesmo", "Seja o Amor da sua Vida", inundou várias gerações com a premissa de que "você não pode amar outro se, antes, não amar a si mesmo", premissa que era oposta a "você não pode amar a si mesmo se antes não amar o outro". Na verdade, não há comprovação de que uma das duas premissas seja mais verdadeira do que a outra. Ambas estão erradas porque pressupõem uma sequência: primeiro isto depois aquilo. Amar é uma experiência contínua, onde o amor próprio e o altruísmo se desenvolvem ao mesmo tempo. Mas não há dúvida de que o foco no próprio ego foi superestimado nas últimas décadas. Uma pesquisa no Google Trends mostra que, desde 2004 (quando o Google começou a compilar), a busca pela expressão "amar a si mesmo" é 33% mais frequente que a busca por "amar ao próximo" (Fig. 1).

Fig 1 - Google Trends

Não admira, pois, que o narcisismo e a personalidade histriônica tenham se exacerbado.

Outra falácia foi criada nessa enxurrada de conselhos podres: "você não deve mudar absolutamente nada em si mesmo; ou as pessoas gostam de você do jeito que você é, ou que se afastem." Os tons de cinza desapareceram. Mudar algum aspecto da sua personalidade, que seja fundamental e que o defina, para agradar aos outros, pode ser inadequado e trazer infelicidade. Mudar aspectos periféricos de comportamento para que outros sejam mais felizes com você pode ser um ato de amor. Mudar hábitos não é obrigatório nem proibido; tudo depende de quais você muda e por que (ou por quem). Aquele que vive em uma ilha, que nunca muda em absolutamente nada, torna-se uma pessoa rígida e perde suas conexões sociais, profissionais e familiares. Estamos sempre mudando e tentando ser melhores. Por nós e pelos outros. Pelos negócios e pelo amor.

As redes sociais não criaram esses distúrbios, mas são um campo fértil para o seu desenvolvimento. Oferecem um caminho fácil e acessível para a potencialização das atitudes narcísicas ou histriônicas.

Não é necessário, porém, um distúrbio de personalidade para formar o vício em redes sociais. O desejo de se destacar da grande massa, de elevar a cabeça acima da multidão, faz parte da natureza humana. É mais forte em alguns e menos em outros, mas existe em todos nós. Todos queremos nos destacar na profissão ou no meio social, queremos ser reconhecidos como ímpares, especiais. O desejo de ser celebridade, porém, atinge as pessoas em graus diferentes. Alguns acumulam enorme prestígio profissional ou sucesso estrondoso nos negócios, fazem fortuna, mas preferem manter-se num perfil baixo em relação ao mundo, ou pelo menos à parte do mundo que não contribui para seus propósitos. Outros precisam desesperadamente ser vistos como celebridades, mesmo que não fiquem célebres por nenhuma aptidão especial. O paradoxo é que as celebridades, aquelas que são reconhecidas publicamente por algum motivo relacionado ao seu trabalho, muitas vezes se queixam da perda da privacidade. Enquanto isso, Vires quer ser conhecida e seguida, postando milhares de fotos sobre si mesma: eu na praia, eu no clube, eu na casa do amigo, eu jantando, eu cozinhando, eu me exercitando, eu fazendo coisas que a maioria das pessoas faz, porém mais linda, viva. A cada dia ela tira dezenas de fotos, seleciona as melhores para postar e depois as edita em aplicativos feitos para isso, gastando um tempo enorme nessa atividade. Como resultado, aparece ao público de forma diferente do que é na realidade, mas da forma como gostaria de ser e como se imagina. Eu existo, sou o máximo. A clássica frase de Descartes foi mudada: Posto, logo existo. Curtam, sigam, elogiem.

# FOTOS E SELFIES

**Fotos**

Quem visita pela primeira vez a Galeria D´Uffizi, em Firenze, fica impressionado com o número de obras de arte que representam pessoas. Uma que chama a atenção é o retrato de Sir Richard Southwell, pintado por Holbein (Fig. 2). Southwell foi um assessor de Henrique VIII (que também foi retratado por Holbein), e ocupou vários cargos políticos no século XVI. Portanto, um membro da aristocracia e um homem rico. O retrato revela uma pessoa austera, de olhar firme. Há quem veja certa arrogância no seu olhar, e há quem identifique alguma doçura. Uma obra de arte extraordinária.

Fig. 2 - Retrato de Sir William Southwell,
Hans Holbein, c. 1536

Contratar pintores para fazer-se retratar era uma prática comum antes da invenção da fotografia, e era acessível apenas a quem tivesse dinheiro. O retrato de Southwell foi feito em 1536. Não sabemos exatamente quanto tempo foi necessário para que fosse concluído, mas o acervo da Royal Collection Trust, na Inglaterra, inclui um desenho preparatório desse retrato, indicando que foi uma obra cuidadosamente executada. Sir Southwell deve ter passado muitas horas na frente do artista. Talvez tenham sido feitas algumas tentativas que foram descartadas, não há como ter certeza. O que podemos afirmar é que muito tempo e dinheiro foram gastos nesse retrato; porém, esse tempo não representou muito em proporção à vida de Southwell, que viveu cerca de 60 anos.

Um smartphone básico pode tirar duas fotos por segundo. Alguns chegam a 10 por segundo, e podem armazenar mais de 10.000 fotos. O intuito de retratar a pessoa é o mesmo da pintura de Holbein, mas a velocidade e a profusão foram multiplicadas, pela tecnologia, de forma exponencial.

Isso não ocorreu de repente. Foi no início do século XX que a empresa Kodak começou a distribuir câmeras fotográficas portáteis, que permitiam, segundo o marketing da empresa, que as pessoas tirassem suas próprias fotos sem a ajuda de um profissional. As câmeras usavam tubos de filme limitados a 12, 24 ou 36 fotos, que precisavam ser reveladas antes que se soubesse o resultado, e o processo de revelação levava vários dias. A fotografia colorida popularizou-se em 1935, e a fotografia digital, essa maravilha que se revela instantaneamente e pode ser editada em softwares, tem apenas poucas décadas. A velocidade com que as fotos digitais podem ser tiradas e vistas causaram uma explosão no mundo da fotografia. Numa festa de casamento, nos dias atuais, são tiradas mais fotos do que todas as que foram feitas, no mundo, durante o ano de 1940. Mais de 130.000 fotos são incluídas no Facebook a cada minuto.

Vires fotografa com seu celular, compulsivamente. Tira algumas fotos de todos os lugares aonde vai, e gasta tempo com isso. O aparelho já acumula mais de 25.000 fotos, que são relocadas para uma nuvem caso a memória fique lotada. Ela guarda as fotos na memória do aparelho ou nas redes, mas não volta a elas depois de alguns dias. A ideia básica de uma fotografia é servir como uma memória, ou seja, registrar um momento para que possa ser visto depois em algum outro momento. Mas Vires raramente revê uma foto que tirou, ou que postou, depois de passadas 24 horas. Assim como o jornal que, no dito popular, "o de hoje serve para embrulhar o peixe de amanhã", suas fotos são incrivelmente efêmeras. Guardadas para sempre, mas nunca mais vistas. Nem poderiam ser revistas, pois seria um esforço enorme. Se cada uma das fotos fosse revista durante 5 segundos, ela levaria mais de dois dias inteiros fazendo apenas isso, dormindo 8 horas por dia e vendo fotos enquanto se alimenta. Na rede social, as fotos ficam registradas, mas as visualizações também são efêmeras. Poucos dias e vários *likes* depois, elas vão descendo na hierarquia da atualização. Quem curtiu, ótimo; quem não curtiu não vai mais ter a chance, pois a foto vai desaparecer no oceano sempre renovado das imagens.

Algumas redes sociais tentam ajudar a memória do usuário; o Facebook envia fotos tiradas há muitos meses, e escolhidas randomicamente em seus arquivos, como sugestão para o usuário que não tiver o que publicar naquele dia. Mas a memória humana não é uma biblioteca, e sim um sistema neuronal extremamente complexo. Há fatos e imagens de que nos esquecemos, outros de que nos lembramos para sempre. A fixação na memória depende da importância do fato em nossas vidas, mas também de aspectos inconscientes tais como a sensação de prazer ou de alerta que uma memória nos causaria algum tempo depois. Quando o Facebook nos diz "olhe esta foto que você publicou há um tempo, não quer publicar novamente como lembrança?" ele está administrando o acesso à nossa própria memória. A lembrança pode ser de um momento bom, ou de um fato que queremos esquecer. É claro que a rede apenas sugere, deixando para nós o livre arbítrio de publicar ou não; mas, mesmo assim, é uma interferência na complexa administração da nossa própria memória, o gerenciamento de um sistema biológico que evoluiu ao longo de milhares de anos.

Se Vires não perde tempo revendo fotos, isso não acontece quando ela tira as fotos. Fotografa com muito cuidado, escolhendo o fundo ou a luz e, se forem *selfies*, como veremos, ela se produz antes de posar, com maquilagem, penteado e uma roupa linda. Tira várias fotos em vários ângulos. Depois, gasta algum tempo escolhendo as melhores e usa um aplicativo para retoca-las, melhorando a textura da pele, a iluminação, apagando algumas pequenas imperfeições no rosto. Um trabalho que consome tempo, para um resultado fugaz. Talvez as pessoas que a conhecem pessoalmente não a reconheçam nas fotos. Em seguida, ela posta as fotos escolhidas. No início, escolhia uma para cada postagem; mas, com o tempo, a rede passou a permitir que ela postasse 3, 4 ou 5. A pessoa que vai visitar o perfil passa o dedo da direita para a esquerda e vê várias versões da mesma foto, como se fosse um pequeno álbum. Um álbum que é diário, e que divide a atenção do público com outros milhares de álbuns de outros milhares de pessoas. Conseguir *likes*, nesse ambiente, é uma vitória.

## Selfies

Na mesma Galeria D'Uffizi onde está o retrato de Sir Southwell e de Henrique VIII, há outra pintura importante do mestre Holbein. É seu autorretrato. Uma *selfie* (Fig. 3).

Fig. 3 - Auto-retrato, Hans Holbein,
c. 1542-1543

Muitos artistas pintaram a si mesmos. O último autorretrato de Van Gogh, enviado a sua mãe como presente de aniversário de 70 anos, foi arrematado em um leilão por 71,5 milhões de dólares em 1998. Rembrandt reproduziu sua própria imagem, pela pintura, mais de 40 vezes ao longo da vida. Vires, com o celular, realizou essa proeza em apenas um dia. Seus *selfies* não valem dólares, mas isso não importa, porque a moeda das redes sociais é o *like*. E ela tem conseguido um número satisfatório.

O termo *selfie* é, portanto, recente, mas a ideia não é nova. Significa uma foto tirada da pessoa por ela própria. É preciso distinguir dois tipos diferentes nessa prática:

O primeiro é a foto em que algo, ou alguém que não a própria pessoa, é o motivo principal do registro. Se você visita Paris pela primeira vez, vai querer conhecer a torre Eiffel. Vai querer tirar uma foto para registrar o monumento e o momento. Para se lembrar de que esteve lá, você quer aparecer na foto também. Se você estiver andando no Rio de Janeiro e cruzar com Caetano, pode pedir um autógrafo e querer tirar uma *selfie* com ele para perpetuar aquele instante. Os objetos de registro são a torre, o artista e também você.

Os autorretratos são outro tipo. A pessoa é o foco e o objetivo da tomada daquela imagem. Há nisso uma certa vaidade, mas a vaidade faz parte da natureza humana. Não há nada de grave nisso. Os pintores faziam autorretratos por vários motivos, entre eles o desejo de terem seus rostos imortalizados, ou para presentear alguém, assim como fez Van Gogh e fazemos nós, quando enviamos uma foto a um amigo ou parente distante. Alguns artistas faziam autorretratos simplesmente para exercitar a técnica, em períodos em que faltavam modelos ou não havia encomendas. Sir Southwell não fez seu próprio retrato, provavelmente, porque não sabia pintar; contratou um artista.

Não há nada errado, portanto, em *selfies*. O problema começa quando isso beira o vício, com as características que enumeramos no capítulo 2: importância, modificação do humor, abstinência, tolerância. Estudos mostram que a gratificação obtida com a postagem de fotos é maior do que aquela conseguida com textos, o que explica porque há mais gente viciada em Instagram, mais baseado em fotos, do que em Twitter, que tem mais ênfase em texto. O *selfie* é feito, em geral, olhando para a câmera, e um *like* pode ser tão gratificante como um sorriso de retribuição na vida real.

Vires não produz *selfies* ao longo da vida para retratar suas diferentes fases. Faz isso todas as semanas, sem que tenha havido mudanças importantes. Em um ano, ela produz mais de 365 *selfies* – se em algum dia não produzir nenhuma, em outros fará 3 ou 4. Não faz essas fotos de si mesma para enviar a alguém em especial, ou para se lembrar de como era algum tempo depois. Faz para estar presente na rede, e conseguir algumas curtidas ou comentários de pessoas que ela conhece ou, muitas vezes, que não conhece. Ela sabe, mas finge ignorar, que muitas dessas curtidas na verdade são feitas por pessoas contratadas por empresas ou por robôs cibernéticos que usam algoritmos para curtir postagens, mas isso não importa.

Ela não precisa de que alguém tire as fotos, e não pede a outras pessoas que o façam, mesmo que sejam profissionais. Prefere *selfies*. A foto tirada por ela mesma é visão que tem da sua própria pessoa, e que quer mostrar. A visão de qualquer outro fotógrafo não tem o mesmo valor. No início, ela usava um temporizador, ou tirava as fotos em frente ao espelho. A *selfie* é um espelho e, depois de compartilhada, um espelho compartilhado. Depois, comprou um celular com câmera reversível e passou a fotografar esticando o braço. Depois, usou uma ferramenta de extensão desse braço que é controlada remotamente e estica como um telescópio. E passou para um tripé com controle remoto. O limite é o infinito. Dez, vinte, cinquenta em sequência. Jogadas no mar da rede social para uma repercussão fugaz e renovadas a cada semana. Pouco tempo depois, nenhuma dessas *selfies* seria leiloada por 71,5 milhões de *likes*.

# FRASES E MENSAGENS

Toda comunicação, verbal ou não, tem duas pontas: aquele que emite a mensagem e o que capta e interpreta. Isso ocorre mesmo quando a mensagem é dirigida a muitas pessoas ao mesmo tempo, como numa aula em anfiteatro; muitos ouvem, mas cada um recebe individualmente e interpreta ou compreende de uma maneira ímpar. Para que haja uma boa compreensão é preciso um contexto, ou seja, frases e mensagens sem um contexto não servem a nada e podem gerar interpretações distintas e confusas.

A rede social, feita de mensagens curtas, exclui o contexto. Cada um vê e interpreta como pode, dependendo da sua disposição e de seu próprio momento. Vejamos dois exemplos:

Vires tem um professor de ginástica. Uma pessoa competente e dedicada à sua profissão. Com o tempo, tornou-se um amigo. Ela percebe (e ouve dele) que o amigo precisa de mais clientes, porque seu rendimento mensal está insuficiente. Quer ajudar esse profissional e posta uma foto sua com ele, roupa de ginástica, os dois sorrindo. A frase que acompanha a foto é:

"Alegria de estar com esta pessoa fantástica, que me faz tanto bem, me ajudando a melhorar."

Alguns minutos depois, vêm os comentários: "Lindos! Continuem sempre!" "Parabéns! Lindo casal!" "Parabéns! Torcendo por vocês!"

A frase estava fora de contexto. Era muito longo e inadequado escrever: "Pessoal, este é o fulano meu professor de ginástica. É muito competente, um profissional que está me fazendo conseguir resultados com a melhora do meu físico. Ele tem horários disponíveis, então, recomendo a todos porque é excelente professor e uma ótima pessoa". Mas a rede social é feita de pequenas frases de impacto, para traduzir seu momento e fazer com que você pareça feliz. A comunicação sai de uma ponta e chega à outra sem o contexto, totalmente diferente do que foi a intenção da pessoa que escreveu.

Com a chegada do verão, Vires viu que seus biquínis estão gastos, e já não servem porque seu corpo mudou alguns centímetros. Decide ir ao shopping e comprar novos. Volta para casa feliz, experimenta um deles e acha que ficou ótimo. Faz uma *selfie* e posta na rede, com uma frase. Essa frase não é "comprei biquíni novo", mas algo mais filosófico. Afinal, é preciso transmitir algo mais elaborado. A foto, de biquíni, numa pose sensual, vai com:

"Verão chegando. Tempo de renovar, de variar, de desapegar".

Do outro lado da cadeia de comunicação, sem conhecer o contexto, as pessoas interpretam das mais variadas formas. "O que ela quer dizer com isso?" "Ela está querendo experiências novas?" "De que ou de quem ela quer se desapegar?" "Está numa crise existencial?" "O que ela espera, de novidade, neste verão?" No dia seguinte, começam a chegar mensagens privadas convidando para sair, elogiando seu corpo e sua beleza, numa profusão de flertes. Amigas ligam para saber se ela está bem. No trabalho, alguns homens começam a olhar para ela de forma diferente, e surgem aventureiros com as mais diversas cantadas. Vires está, na verdade, em um relacionamento único, e está feliz com essa situação. Quando comprou os biquínis, estava mesmo pensando no verão com o parceiro e em como ele poderia admirar seu novo look. Mas isso não passa na postagem. Seu companheiro também recebe a frase com preocupação, acreditando que ele esteja entre as coisas a serem renovadas; ou que ele seja o objeto do desapego.

Mensagens rápidas, sem contexto, são balas perdidas. Ela estava apenas se referindo a biquínis.

# PRIVACIDADE

Vires foi convidada para uma festa, na casa de um casal de amigos. Passou grande parte do tempo tirando fotos da festa e das pessoas, com seu celular. Em um momento, pediu que todos se juntassem para uma foto coletiva. Nesse momento, a anfitriã fez uma pergunta estranha:

"Vires, você vai postar estas fotos na rede?"

Ela ficou confusa. É claro que ia postar, pensou, de que valeriam as fotos se não fossem postadas? O que essa pessoa quis dizer com essa pergunta?

As pessoas são diferentes. O conceito de privacidade é bastante complexo, e sentido de maneira diferente por pessoas diferentes. É tão importante que está na Constituição Brasileira: são invioláveis a intimidade, a vida privada, a honra e a imagem das pessoas. Mas deixemos de lado esse aspecto legal, e vejamos o conceito ético de privacidade na sociedade. Vires não estava fazendo *selfies* na festa. *Selfies* são fotos da própria pessoa, no seu ambiente. Ela estava fazendo uma espécie de reportagem para seus seguidores, e nessa reportagem estava incluindo outras pessoas, sem ter pedido a permissão dessas pessoas. Momentos mais tarde, ela conversou pessoalmente (e privadamente) com a anfitriã:

"Por que você não quer que eu poste as fotos?"

"Porque, Vires, eu sou uma pessoa que gosta de manter um perfil baixo, e não me sinto bem expondo a minha vida privada para pessoas que eu não conheço."

Vires ficou ainda mais confusa. Como alguém pode não querer divulgar momentos lindos que está vivendo? Por quê?

Há centenas de possibilidades, porque há centenas de tipos de personalidade e de momentos da vida. Talvez a anfitriã não tenha convidado algumas pessoas, por qualquer motivo, e não queira expor a festa na rede. Ela não se importa se outras pessoas souberem que houve uma festa, mas não se sente bem em passar a reportagem da festa ao público. Talvez ela viva num ambiente profissional em que não seja um hábito as pessoas divulgarem suas vidas privadas. Não sejamos ingênuos: todos temos uma imagem privada e uma imagem pública, isso é assim desde que as tribos se formaram.

Talvez, e isto é o mais importante, a anfitriã não quer que as fotos sejam postadas simplesmente **porque ela é uma pessoa que não gosta de expor sua privacidade**, e ponto final. É um direito. As pessoas são diferentes. Quando fazemos uma *selfie*, a privacidade que estamos violando seria a nossa; faríamos com ela o que bem quiséssemos (veremos, em seguida, que pode não ser bem assim). Quando incluímos na foto outras pessoas, e decidimos postar para 5000 seguidores, a atitude ética seria pedir a essas pessoas permissão para fazer isso. Mas as redes sociais destruíram esses conceitos éticos. É normal, todos fazem, e é assim que o mundo gira.

Na sequência da conversa, Vires fez uma pergunta à anfitriã que, por si, poderia ser objeto de discussão por muitas páginas neste livro. Mas não se assuste: vamos resumir. A pergunta foi:

"Querida, não estamos fazendo nada de errado. O que temos a esconder?"

A pergunta pode ser respondida de diversas formas, e nenhuma das respostas será boa, porque a pergunta em si não tem sentido. Para começar, envolve uma premissa falsa: se estou escondendo algo é porque estou fazendo algo errado. Isso não é verdade. Pessoas escondem fatos e pensamentos, muitas vezes, por motivos nobres como amor, compaixão, zelo pela paz, empatia ou outras boas, e corretas, razões. E, independente da premissa, a pergunta está errada. "Por que não divulgar?" é um aspecto da questão, que poderia ser posto da forma "Por que divulgar?" Imagine a seguinte situação:

Você está num restaurante, jantando com seu namorado (ou sua namorada). Uma pessoa, que você nunca viu, se aproxima da mesa e tira uma foto de vocês dois com o celular. Diz: "Que lindo casal!" e se afasta. O que você sente? Você e ele (ou ela) são pessoas adultas, desimpedidas, estão num lugar público e não estão se escondendo de nada. Mas surge a dúvida: Quem é essa pessoa? Por que essa fez essa foto? O que vai fazer com ela? É a diferença entre transparência e privacidade. Transparência significa não ter nada a esconder; privacidade significa não querer expor ao mundo seus momentos pessoais, sejam eles de alegria ou de tristeza.

Numa situação parecida, imagine o mesmo ambiente, com a única diferença de que a pessoa que se aproxima é alguém que você conhece. Ela diz "Oi, tudo bem? Que bom ver vocês." E, em seguida, faz a mesma foto, que será divulgada para 5000 pessoas que não têm nada a ver com vocês dois. Isso muda o quadro? Provavelmente não. O problema não é se a **pessoa que tirou a foto** é conhecida, mas se **as pessoas que vão ver a foto** são conhecidas.

Na verdade, o conceito de privacidade como parte da liberdade individual é bastante discutível. Poderia ser verdadeiro para pessoas completamente isoladas do restante da sociedade, e essas são raríssimas. As pessoas têm vínculos familiares, sociais e profissionais. Se sou casado, o que eu faço pode respingar na imagem da minha esposa; se tenho filhos, na deles. Se tenho pais, se tenho sócios nos negócios, idem; a rede de inter-relações na vida real é bastante complexa. Acreditar que cada pessoa é livre para se expor publicamente é, no mínimo, pueril.

O movimento de libertar os indivíduos das demais pessoas e torna-los totalmente independentes foi uma resposta do século passado a situações de extremo controle exercido por adultos sobre jovens, por maridos sobre esposas, por empresas sobre funcionários. Como todo movimento extremado, visava a combater outro extremo. Mas os extremos nunca são bons e, na verdade, não existem quando se trata de fenômenos sociológicos. Preocupar-se obsessivamente com seu grupo, família ou parceiros, a cada vez que você mostra algo em público, não é saudável. Mas agir publicamente como se fosse a única pessoa do mundo também não é. Existe um meio termo. Sempre há respingos, e ignorá-los é uma manobra de avestruz. Isso ficou expresso na clássica frase atribuída ao imperador romano Júlio César: "À mulher de César não basta ser honesta; deve parecer honesta". A citação ficou fora de moda por ser considerada, por muitos, uma expressão do machismo, mas isso pode ser desfeito se considerarmos que vale para os dois lados. Também ao marido de Pompéia (César) não basta ser honesto, deve parecer honesto. E ao filho Pompéia ou de César, e ao sócio, e assim por diante. Numa obra mais recente, a trilogia de Francis Ford Copolla "O Poderoso Chefão", esse conceito também é destruído. O chefe da máfia passa a vida procurando isolar e excluir sua família das suas atividades criminosas para, no final, descobrir que isso é totalmente impossível. Somos grupais, somos tribais, e tudo o que fazemos interfere com a vida das pessoas próximas. Qualquer outra coisa é um conceito adolescente de privacidade.

Vires não parou de ser convidada para festas. Os convites continuam, no mesmo número. Mas os eventos mudaram. Agora, ela é convidada para festas em que as pessoas querem projeção nas redes. As que preferem a privacidade não a convidam mais. Ela está, a cada dia, se fechando num mundo parecido com ela. A diversidade, com todas as vantagens que existem em abrir horizontes, desapareceu. A possibilidade de aprender no convívio com pessoas diferentes, que é a mola mestra do crescimento, já não existe. Vires está se divertindo, mas dentro de uma pequena bolha. Seu cérebro está encolhendo.

# COMO SE FORMA O VÍCIO

Nos anos 1950, o psicólogo norte-americano B. F. Skinner criou um experimento que hoje é considerado um dos marcos da psicologia experimental. Ele desenvolveu um dispositivo (hoje conhecido como "caixa de Skinner"), no qual um camundongo podia ser ensinado a apertar uma alavanca para obter um prêmio. Depois de uma série de movimentos aleatórios, o animal percebia que ao manipular a alavanca ele recebia uma recompensa – tipicamente comida ou água. Motivado para conseguir cada vez mais a recompensa (tecnicamente chamado de "reforço"), o camundongo aprendia rapidamente a apertar a alavanca – um comportamento que ele antes desconhecia. A esse processo, Skinner deu o nome de condicionamento operante.

Muitos processos em nossa sociedade podem ser analisados sob a ótica do condicionamento operante. Por exemplo, sabemos que os cartões de crédito que oferecem milhas (reforço) para cada real gasto têm, de fato, um ticket médio significativamente maior do que os cartões que não possuem esse tipo de recompensa. Também sabemos que os vendedores comissionados (reforço) apresentam um desempenho de vendas muito maior em comparação aos vendedores não comissionados.

O reforço parece ser um fator motivacional bastante forte em inúmeras situações do dia-a-dia. E o que os engenheiros de software responsáveis pela programação das redes sociais sabem sobre condicionamento operante e reforço? Aparentemente tudo!

Vires sentou-se um minuto para relaxar depois de um dia estafante no trabalho. Alguns segundos de tédio depois, ela se lembra de que postou uma foto do café que tomou com uma colega de trabalho, junto com uma frase espirituosa (pelo menos é o que Vires achou naquele momento). Ansiosa, verifica em seu smartphone a repercussão de sua brilhante contribuição à cultura humana: dezessete *likes* e cinco comentários. Uma pequena onda de satisfação efêmera toma conta de seu humor: até que foi razoável, para um post feito há trinta minutos, pensa ela. Mas a satisfação dura muito pouco. Vires já está pensando em como seu próximo post irá abalar a ciberesfera.

Você já deve estar ligando os pontos. O reforço são os *likes* e comentários positivos, que podemos chamar também de "processo de validação social". Mas, qual comportamento está sendo condicionado? Numa primeira apreciação, parece ser o comportamento de "postar no *feed*" e sim, de certa maneira é isso mesmo. Porém, o verdadeiro comportamento-alvo que as redes sociais desejam de Vires é bem mais amplo. Elas definem esse comportamento condicionado utilizando um termo asséptico e aparentemente inofensivo: engajamento.

## O engajamento

Todo o modelo de negócios responsável pela monetização das redes sociais baseia-se no conceito de engajamento. Pedra filosofal do marketing digital, esse termo representa o grau de envolvimento e interação do usuário com a rede, medido pela quantidade de interações e pelo tempo dispendido pelo camundongo, digo, usuário, navegando pelos posts. A ideia é simples: engajamento é dinheiro. Os anunciantes desejam que você interaja com suas marcas e produtos por meio de posts, imagens e anúncios subliminarmente dispostos entre os posts de seus amigos. Deixemos mais explicita essa cadeia de valor:

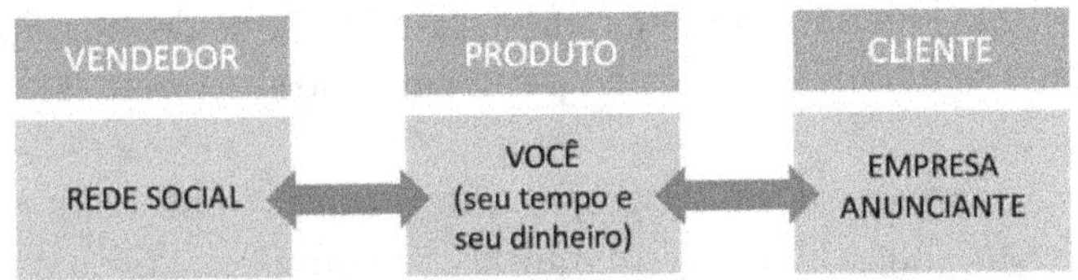


Vemos então que todo o modelo de negócios encontra-se baseado em métodos e técnicas arquitetadas propositalmente para manipular o comportamento dos usuários. E, o mais grave: sem que isso seja percebido pelos mesmos. Todos esses aspectos já foram bem explorados em outras obras[4] e, como essa análise foge ao escopo deste livro, não vamos nos alongar muito nela.

O importante, aqui, é compreender o funcionamento desse mecanismo para gerar engajamento. Sob o ponto de vista da neurociência, o que as redes sociais fazem é sequestrar e amplificar o nosso circuito neuronal de recompensas (*neural reward system*). Esse circuito funciona principalmente por meio de dois combustíveis básicos: a dopamina e a ocitocina[5]. Essas duas substâncias são conhecidas como importantes neurotransmissoras fortemente associadas às sensações de bem-estar e prazer.

Neurotransmissores são substâncias químicas produzidas pelo nosso próprio corpo, geralmente no cérebro, e que atuam como uma espécie de mensageiras. São fundamentais para que o nosso sistema nervoso central possa comandar ações remotas em todo o nosso corpo. A dopamina, por exemplo, é produzida por uma classe especial de neurônios (chamados de dopaminérgicos) e que participa de inúmeras atividades fisiológicas, tendo influência sobre o nosso humor, atenção, prazer, cognição e até sobre algumas das funções endócrinas. Quando somos "recompensados" por algum comportamento, os neurônios dopaminérgicos de uma região do nosso cérebro conhecida pelo nome de área tegmental ventral recebem estímulos, são ativados e liberam a dopamina. Esse elixir cerebral atingirá outras regiões do cérebro como o núcleo accumbens, uma estrutura muito importante relacionada com a percepção de prazer. Já a ocitocina é secretada pelo hipotálamo e está presente tanto no orgasmo e excitação sexual em geral como também na agradável sensação de pertencer a um grupo. É uma substância relacionada aos processos de vínculo social – incluindo aí a habilidade de empatia pelas outras pessoas.

O processo de engajamento ativa esse circuito de recompensa da seguinte maneira: recebemos continuamente estímulos (notificações, *likes*, comentários) que são antecipados pelo nosso cérebro como eventos possivelmente prazerosos, ativando as áreas neurais que liberam dopamina e ocitocina, promovendo as condições fisiológicas necessárias ao prazer, mas que logo se dissipam e perdem seu efeito, gerando, ato contínuo, a necessidade de uma nova ação de nossa parte para receber uma nova recompensa que irá, por sua vez, alimentar novamente o ciclo da recompensa. O camundongo aperta a alavanca, recebe a água, desfruta do prazer efêmero de bebê-la, sente um vazio pela ausência do prazer que se esvaiu e aperta novamente a alavanca para reiniciar todo o circuito. Voilà: temos aqui os ingredientes básicos do mecanismo psicológico/fisiológico responsável por nos manter o maior tempo possível "engajados" na importantíssima atividade de ver posts, dar *likes*, postar e aguardar ansiosamente pelos *likes* desses posts.

## O reforçamento intermitente

Vires, entusiasmada com a repercussão de seu post anterior, decide postar agora uma *selfie*, jogada no sofá com ares de estafada. Delicia-se com a ideia das pessoas estarem participando do seu fascinante dia-a-dia. O problema é que o sofá já é um pouco velho, tem umas manchas e rasgos aqui e ali e sua cor marrom esmaecida não é lá muito fotográfica. Na busca do melhor ângulo, tira umas doze *selfies* até encontrar uma que satisfaça seu instinto cinemático. Depois de alguns minutos usando filtros e outras pirotecnias de última geração proporcionada pelos dois aplicativos de manipulação de imagens que comprou nesta semana, chega ao resultado desejado. Agora é só postar a foto, com algum comentário espirituoso que reflita a profundidade emocional de seu estado de espírito.

Feito! Agora é só esperar. Um dia desses, um post seu há de viralizar nas redes. Mas, espere um pouco. Essa foto ficou realmente boa. Melhor replicar nas outras redes também, nunca se sabe...

É estranho. Dois minutos se passaram e nenhuma reação. A estratégia vai ser zapear um pouco pelo seu *feed* enquanto espera a merecida e desejada recompensa. Logo Vires percebe que a noite já se instalou. Está sentada no sofá zapeando por um tempo que não sabe bem quantificar. Uns dez minutos talvez. Mas o relógio lhe traz um vislumbre de realidade: já são 19h30 e ela está desde as 17h e qualquer coisa sentada, zapeando. Pouquíssimas reações até agora. Bem, as pessoas devem estar no trânsito ou talvez enlouqueceram, pensa ela.

Ao se levantar, Vires sente a dormência nas nádegas e pernas. Melhor ir comer alguma coisa, tomar um banho e cuidar da vida. Mas, enquanto come, com o smartphone quase junto ao prato, interrompe a refeição sempre que o endiabrado emite algum ruído (que, é claro, os entendidos preferem chamar de 'notificação').

O que Vires está passando também já havia sido previsto pelo bom doutor Skinner. Quando, na longínqua metade do século passado, ele desenvolveu suas ideias sobre o condicionamento por meio do reforço, fez também outra descoberta que iria revolucionar a indústria dos cassinos (e, depois, das redes sociais). Ao reforçar o comportamento do camundongo sempre que este abaixava a alavanca, Skinner teve a ideia de introduzir algumas variações no experimento. Por exemplo: e se durante algum tempo o camundongo não fosse recompensado com a água quando usasse a alavanca? Será que ele desistiria?

O método experimental desenvolvido pelo cientista envolvia uma métrica precisa: quantas vezes a alavanca era acionada por unidade de tempo – um minuto, por exemplo. Assim, Skinner podia investigar qual variação obtinha os melhores resultados de condicionamento. E uma das descobertas mais importantes foi a de que era extremamente eficiente não recompensar o camundongo com água ou comida sempre que este exibia o comportamento desejado (apertar a alavanca), mas, ao invés disso, recompensá-lo apenas de vez em quando. O ratinho ficava compulsivo: a frequência do comportamento-alvo subia às estrelas!

Skinner denominou esse procedimento de *esquema de reforçamento intermitente* ou de *razão variável* (premiar de vez em quando, de maneira imprevisível) – que acabou se mostrando muito mais eficaz quando comparado ao *esquema de reforçamento contínuo* (premiar sempre que o comportamento-alvo é emitido). Aquele primeiro mostrava-se bastante útil nas etapas iniciais da aprendizagem, enquanto este último, quando introduzido após o comportamento ter sido aprendido, incrementava a frequência, ao mesmo tempo em que diminuía a probabilidade da extinção futura do mesmo comportamento[6].

Este é o princípio que mantém muitas pessoas presas por horas e horas nas *slot-machines*, os famosos caça-níqueis presentes em qualquer cassino que se preze. Curiosamente, as máquinas mais tradicionais ainda hoje são acionadas por alavancas – como na caixa de Skinner. Ponho uma moeda de um dólar, aciono a alavanca e aguardo o girar eletrônico ou mecânico dos cilindros repletos de símbolos como frutas, números e figuras geométricas: se pelo menos três símbolos iguais forem alinhados pelos deuses do acaso (ou, mais precisamente, pela programação da máquina), serei recompensado com uma quantidade grande de moedas armazenadas no maquiavélico dispositivo, acompanhado do tão famoso tilintar e outros ruídos eletrônicos que prenunciam a injeção direta de dopamina e ocitocina tão desejada pelo jogador.

Sabemos hoje que esta simples estratégia é amplamente utilizada pela indústria das redes sociais. É comum no Instagram, por exemplo, que os algoritmos de notificação "segurem" de vez em quando os *likes* recebidos de um determinado post, para depois liberá-los em rajadas acumuladas. Essa imprevisibilidade introduzida pelos algoritmos (justamente o esquema de reforçamento intermitente) faz com que a área tegmental ventral de nossos cérebros, impactada pelos resultados iniciais aparentemente negativos dos posts, responda posteriormente com quantidades mais generosas de neurotransmissores ligados ao prazer gerado pela suposta validação social recebida. A sensação de extremo, embora efêmero, bem-estar passa a ser ansiosamente desejada, engajando o usuário num ciclo infinito de fidelidade automática a uma, duas, quatro redes sociais consecutivamente: não é incomum que as pessoas chequem uma, depois outra e mais outra rede social, permanecendo tempo cada vez maior na conexão.

Lá pela meia-noite, já na cama, Vires recebe sua dose de prazer: sua esplêndida foto no sofá, minuciosamente manipulada para assemelhar-se ao mobiliário estiloso da celebridade pop do momento, recebe o devido reconhecimento. Agora basta esperar a repercussão dos treze outros posts que fez depois daquele: a noite é uma criança...

## Para que as plantas cresçam adequadamente, é necessário um campo fértil...

A esta altura você deve estar se perguntando: mas então somos todos presas fáceis das armadilhas montadas pela engenharia comportamental promovida pelos responsáveis pelas redes sociais? É claro que não. A maioria das pessoas é capaz de desfrutar de uma ou duas taças de vinho no final de semana e moderar seu consumo. Da mesma forma, muitos brasileiros vão aos cassinos de *Las Vegas* ou *Punta Del Este*, gastam lá seus U$10 em moedinhas, divertem-se por algumas horas e voltam aos seus hotéis ainda com o patrimônio familiar intocado: não somos vítimas indefesas de nossos mecanismos cerebrais dopaminérgicos e ocitocinérgicos.

Porém, as redes sociais são, evidentemente, mais perigosas ou, no mínimo, insidiosas do que cassinos e bebidas alcoólicas. Como vimos, estão em nossos bolsos e podem ser acessadas imediatamente, inúmeras vezes por dia (mesmo os mais abastados não costumam frequentar cassinos mais do que algumas vezes ao ano, e a maioria de nós não leva uma garrafa de uísque ou vinho na bolsa). Sabe-se que o potencial viciante das redes sociais é muito maior. Sabe-se que uma pessoa dita "normal" dispende em média 1h30 do seu tempo diário zapeando nessas redes. Embora nós, particularmente, achemos isso já um exagero, uma pessoa viciada irá comprometer uma parte ainda maior do seu dia – e, mais importante, das suas energias cognitivas e emocionais nesse processo de engajamento engenhosamente modulado pelos sofisticados algoritmos já mencionados.

Para que o efeito do condicionamento e da circuitaria neuronal de recompensas efetivamente vicie alguém, é necessário que haja um campo fértil. E aqui os cientistas ainda estão engatinhando para determinar quais são esses fatores predisponentes. Vamos a seguir, dar uma olhada em alguns deles.

# Traços de personalidade

Personalidade é um conceito tradicional em psicologia. Trata-se do conjunto de características e padrões expressos pelos comportamentos, pensamentos e sentimentos demonstrados pelo indivíduo e que apresentam uma consistente estabilidade ao longo do tempo, ou seja, as pessoas apresentam esses padrões com regularidade e, poderíamos até dizer, certa previsibilidade.

Há muitos modelos e teorias diferentes que descrevem e tentam classificar o fenômeno da personalidade do indivíduo. Em anos mais recentes, contudo, um desses modelos tem cada vez mais sido utilizado nas pesquisas acadêmicas e científicas e também, como não poderia deixar de ser, nas pesquisas sobre comportamentos aditivos. Isso não significa que seja o modelo ideal ou final sobre o tema, mas simplesmente que temos mais informações correlacionando esse modelo específico com o fenômeno do vício em redes sociais que estamos abordando aqui.

O modelo conhecido como **Big Five**, ou o Modelo dos Cinco Fatores da Personalidade, compõe-se das seguintes dimensões: Amabilidade (*agreeableness*), Neuroticismo (*neuroticism*), Extroversão (*extraversion*), Conscienciosidade (*conscientiouness*) e Abertura à Experiência (*openness*).

Há algum tempo Vires clicou num desses posts que prometem determinar a sua personalidade e, curiosa, preencheu o que parecia ser um questionário não lá muito confiável e que tinha o estranho título de "Big Five: Qual é a sua Onda?". Por que não? Lá dizia que em poucos minutos (e, mais importante, gratuitamente), ela seria agraciada com pérolas de sabedoria e autoconhecimento. Era meio chato de preencher, principalmente por causa dos anúncios intercalados às perguntas do teste. Mas, tudo bem, pensou ela; no final criaria um post com os resultados da avaliação, compartilhando com o mundo mais uma informação imprescindível a seu respeito. Numa escala de zero a cem, ela achou os resultados meio esquisitos:

| | |
|---|---|
| AMABILIDADE | 71 |
| NEUROTICISMO | 65 |
| EXTROVERSÃO | 44 |
| CONSCIENCIOSIDADE | 32 |
| ABERTURA À EXPERIÊNCIA | 68 |

Infelizmente o website referenciado pelo post não dizia o que significavam esses números (ou escores, como dizem os psicólogos). Mas o gráfico gerado ficou bem bacana:

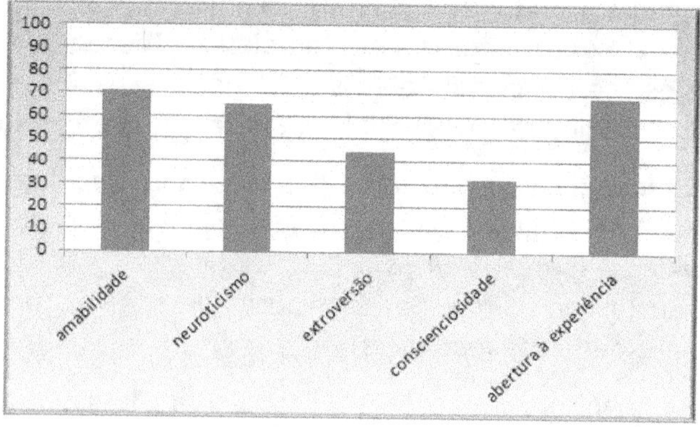


Então Vires deu de ombros, tirou um *printscreen* e, sem hesitação, criou um post intitulado: "Vocês Concordam que Sou Assim?". É claro que, alguns minutos depois, dezenas de amigos e mesmo ilustres desconhecidos – todos certamente conhecedores em profundidade do modelo dos cinco fatores, bem como argutos observadores do cotidiano virtual de Vires – deram suas opiniões abalizadas, algumas indignadas, outras bem-humoradas, compondo um painel multivariado e colorido, que certamente proporcionou a Vires segundos preciosos de autorreflexão da mais alta qualidade.

Bem, caro leitor, não recomendamos que você, da mesma forma que Vires, se aventure a preencher esses testes de validade dúbia que abundam pela internet, mas há fortes indícios de que as informações geradas por um processo sério de investigação da personalidade possa trazer dados preciosos para que se determinem alguns dos fatores que predispõem ao vício em redes sociais.

Por exemplo, existem diversos estudos indicando a forte relação entre indivíduos extrovertidos e a quantidade de *selfies* postadas em busca de validação social e admiração alheia. Também foram encontradas interessantes associações entre um elevado nível de neuroticismo e a tendência para a excessiva e perigosa auto exposição nas redes. Mas estamos interessados, aqui, em descobrir quais são os fatores que aumentam o risco para o comportamento aditivo, pelo menos sob o ponto de vista da personalidade.

Até o momento em que estamos escrevendo este livro, três dos fatores do Big Five apresentam evidências de associação mais convincentes. A primeira delas diz respeito ao neuroticismo. Os indivíduos que apresentam um escore elevado nesse fator têm a tendência de vivenciar frequentes emoções negativas como raiva, ansiedade e tristeza, sendo mais propensos a ver a vida de uma forma pessimista ou ameaçadora. São mais vulneráveis ao stress e apresentam baixa tolerância às frustrações cotidianas. As pessoas com baixo escore nessa dimensão costumam ser calmas, menos reativas emocionalmente, tendem para o otimismo e apresentam uma prevalência na vivência de emoções positivas como gratidão, compaixão, perdão e bom-humor. Então, eis a primeira evidência: alguns estudos encontraram forte correlação entre indivíduos viciados em redes sociais e altos escores no fator neuroticismo.

A segunda evidência envolve a combinação inversa de dois traços: amabilidade e conscienciosidade. Mas antes precisamos explicá-los. Amabilidade representa a tendência a ser cooperativo e compassivo com as outras pessoas. São indivíduos que evitam criar conflitos, antagonismos e polêmicas com os outros, além de manter, na maior parte do tempo, uma postura respeitosa e amigável até mesmo com desconhecidos. Aqueles com baixo escore nesse item, obviamente, apresentam-se com o perfil contrário: são competitivos, polemistas, gostam de conflitos e colocam os próprios interesses acima dos interesses do bem-estar alheio. A conscienciosidade refere-se à orientação para metas e objetivos, perseguidos por meio de uma forte autodisciplina. Indivíduos conscienciosos são organizados, perseverantes e possuem um pronunciado senso de dever. Tem um comportamento deliberado e planejado. Por outro lado, o indivíduo não consciencioso é impulsivo, tem dificuldade para lidar com horários e tarefas planejadas, e segue um padrão mais relaxado e espontâneo frente às exigências do mundo.

O que se descobriu é que a alta amabilidade associada a uma baixa conscienciosidade representam uma combinação de personalidade propícia ao vício em redes sociais. Se a essa combinação estiver ainda associado um elevado escore em neuroticismo então, temos aqui um importante vetor, ingrediente, ou, na analogia do título desta seção, um terreno fértil para o vício, quando pensamos apenas nas características de personalidade de uma pessoa.

# OS PREJUIZOS PESSOAIS

## Insônia

Vires tem dificuldade para dormir. Vai para a cama à meia-noite, à uma, às duas, e mesmo assim demora para pegar no sono. No dia seguinte, sente-se cansada. E não é só pelo fato de ter ficado ligada na rede. É por isso e pelos efeitos da tela sobre a sua fisiologia.

Nosso cérebro responde à luz. Evoluiu por milênios para conviver com a luminosidade do dia e com a escuridão da noite. O resultado dessa adaptação é conhecido como ritmo circadiano, que vem do latim, *circa diem*, em torno do dia. A luz nos leva a ficar acordados e a escuridão nos ajuda a dormir. É claro que isso não é mais a regra nas grandes cidades; já não há mais noites escuras, e os dias podem não ter luz natural em ambientes fechados. Mas o cérebro não sabe disso. Ele se guia por um hormônio chamado melatonina, cuja secreção depende do ritmo circadiano.

Navegar pela rede social, à noite, causa insônia. A excitação de saber as novidades, a curiosidade de ver quantos *likes* vieram e a interação rápida e constante fazem com que o cérebro fique em estado de alerta. Em um estudo feito na Indonésia, pesquisadores mostraram que as principais causas de insônia em adolescentes são, além do stress na escola, a frequência e a duração do uso de redes sociais[7].

O estado de alerta vem da sensação conhecida como FOMO (em inglês, *Fear of Missing Out*, medo de deixar passar alguma coisa). Alguém pode postar algo novo, mandar uma mensagem no grupo, um texto, um meme, e amanhã isso pode ter se perdido no mar de informação. Ou você pode ver amanhã, mas estará atrasado em curtir ou comentar. Curtir é fundamental: a falta de uma curtida pode ofender a pessoa que fez a postagem, pois talvez ela pense que você não se importa com ela ou não quer mais sua amizade. Por isso é difícil dormir. Dormir é perder, é "ficar por fora". Como o celular fica acordado ao lado, na cabeceira, muitas vezes dá um pequeno sinal sonoro ou luminoso indicando que alguma nova mensagem está disponível. A necessidade de verificar o que chegou é imperiosa, mesmo que o sono já esteja quase chegando.

Mas não é só isso. Os aparelhos eletrônicos, como os smartphones, emitem uma frequência de luz azul que tem grande influência negativa sobre o sono. Pesquisadores de Seul, num artigo publicado pela prestigiada revista Nature[8], mostraram que o uso de um smartphone suprime entre 15% e 36% da secreção de melatonina, o hormônio indutor do sono. Ou seja, o celular pode atrapalhar seu sono. E a rede social pode fazer com que você fique em estado de alerta. Os dois juntos, insônia na certa.

O uso da rede social mantém o cérebro em estado de alerta, como se estivesse sendo solicitado a manter a vigília. Isso pode ocorrer com qualquer tipo de solicitação como TV, música ou mesmo um livro. Mas a rede social é mais cruel: as imagens são rápidas, as coisas acontecem num mosaico a cada segundo. O estímulo para o cérebro é muitas vezes mais forte do que um livro. É um verdadeiro bombardeio de informações em velocidade. Com o sistema cognitivo e emocional assim excitado é difícil ter um sono relaxante.

No dia seguinte, Vires acorda cansada.

## Prejuízo na capacidade de comunicação

Aos poucos, Vires foi perdendo a habilidade de se comunicar bem com as pessoas na vida real. Nas redes sociais, as mensagens são curtas, muitas vezes imagens comentadas com pequenas frases, com abreviaturas e ícones (emojis). Acostumando-se a esse tipo de comunicação, ela já tem dificuldade em ouvir alguém que fale algo mais elaborado. Se um amigo, numa conversa pessoal, disser "ontem eu estava procurando alguma coisa para ler, e encontrei um livro escrito por um médico e por um psicólogo, sobre o vício em..." ela já sente essa frase introdutória como se fosse o voto de um ministro do Supremo Tribunal. Qualquer fala que dure mais de cinco segundos é muito longa. E o contrário também ocorre: seu discurso começa a ser entrecortado, como um mosaico, sem expor uma ideia com começo, meio e fim. As pessoas com quem Vires se relaciona percebem isso, e desistem de exprimir qualquer pensamento com um discurso lógico. A cada dia, ela ouve menos. Na medida em que as pessoas da vida real desistem de falar com ela, Vires mergulha mais no mundo virtual. Vai perdendo a comunicação com os presenciais, e ganhando mais comunicação no universo de frases curtas, de imagens, de emojis.

No WhatsApp, ela digita mensagens curtas. Quando quer transmitir algo mais demorado, usa a mensagem de voz. Esse tipo de mensagem pode até ser mais longa, mas não é igual a uma conversa onde há interação, ou seja, onde uma pessoa pode acrescentar algo durante a fala de outra. E perde, obviamente, toda a expressão facial e corporal que acompanham a fala numa conversa pessoal. Na rede, essas expressões são substituídas por emojis; mas, é claro, isso não é a mesma coisa. As mensagens de voz do WhatsApp podem ser ouvidas na hora ou um pouco depois. Podem ser respondidas no momento ou mais tarde (alguns minutos mais tarde). Ela pode ouvir a mensagem de voz, mudar para outra rede ou outro perfil, ouvir outra mensagem, voltar, responder a primeira mensagem, examinar um novo texto curto em outro grupo, num sistema de muitas janelas abertas ao mesmo tempo. A comunicação pessoal, no sentido de falar com uma pessoa por um momento, de concentrar-se naquela conversa e naquela pessoa, desapareceu. Vires tem mais interlocutores a cada dia, mas está mais só.

É a história ao reverso. O telefone foi inventado, como todos sabemos, por Alexander Graham Bell. No lançamento, não fez muito sucesso; a pessoa precisava falar, depois silenciar para ouvir o outro responder, depois responder na sua vez, e assim por diante. Só algum tempo mais tarde, quando a Bell Co. desenvolveu o telefone de dois canais, onde as pessoas podem falar e ouvir ao mesmo tempo, a telefonia se espalhou no mercado. O WhatsApp reverteu o processo. Pior: na primeira versão do telefone, uma pessoa esperava do outro lado, em silêncio, enquanto a outra falava. No aplicativo, a mensagem chega para ser ouvida e respondida quando você quiser, de uma só vez ou em partes, ao mesmo tempo em que você faz outra atividade qualquer. E várias mensagens podem ser respondidas em alternância, criando uma comunicação confusa e entrecortada, pois os assuntos são diferentes.

## Prejuízo Cognitivo

No início da década de 1980 o psicólogo norte-americano James Flynn observou um fato bastante curioso. Ao estudar os testes de Q.I., constatou que os mesmos eram periodicamente revisados (mais ou menos a cada 20 ou 25 anos). Isso ocorre porque os testes acabam perdendo sua eficácia na medida em que seus itens vão ficando "manjados" com o passar dos anos. Novos testes são elaborados e sua padronização é refeita levando-se em consideração a média esperada para a população da época, que é 100. Acontece que quando aplicamos um teste mais antigo nas amostras atuais de indivíduos, estes tendem a receber scores mais elevados do que as pessoas que faziam esses testes em épocas passadas. Ou seja, ao longo de todo o século XX, o cientista observou um aumento progressivo e constante na média do Q.I. das pessoas testadas: cada geração parece ser um pouco "mais inteligente" do que as anteriores (pelo menos quando utilizamos testes de Q.I. para medir a inteligência).

Este fenômeno – batizado de Efeito Flynn - chamou tanto a atenção da comunidade científica que várias hipóteses começaram a ser discutidas para explicar as causas do mesmo: a melhoria nas condições nutricionais, diminuição das doenças infecciosas, ambientes progressivamente mais estimulantes, a mudança no grau de importância e atenção que as famílias dão às crianças, melhorias nos sistemas educacionais – enfim, trata-se de um fenômeno complexo cujas causas ainda hoje são objeto de debate.

Bem, o problema é que muitos estudos realizados ao longo das duas primeiras décadas do nosso século vêm indicando uma reversão no Efeito Flynn. Por exemplo, um estudo de 2009 na Grã-Bretanha revelou que os scores dos adolescentes caíram dois pontos quando comparados aos resultados do mesmo tipo de população em 1980, depois de décadas de ascensão progressiva. Estudos mais recentes realizados em países como Noruega, Dinamarca, Finlândia, Holanda e França (nações com elevado estado de bem-estar social e econômico) tem mostrado a mesma tendência, observável não apenas por meio dos testes padronizados de Q.I., mas também quando analisam o desempenho acadêmico desses alunos.

Estamos vendo, pela primeira vez em 120 anos, os filhos a apresentarem Q.I.s inferiores aos dos próprios pais! É claro que, da mesma maneira que é inconsistente fazer afirmações cabais sobre as causas do Efeito Flynn, o mesmo ocorre com a sua aparente reversão. Mas é difícil não hipotetizar que a mudança significativa que ocorreu nos últimos vinte anos nas sociedades mais avançadas por meio do uso intensivo da tecnologia nas mãos de crianças e adolescentes possa ter a ver com isso.

Muitos pesquisadores conceituados, como o neurocientista francês Michel Desmurget vêm defendendo a ideia de que os alicerces da inteligência estão sendo profundamente corroídos por este uso intensivo[9]. Já vimos aqui alguns desses fatores: a perturbação do sono; a superestimulação da atenção que leva a distúrbios de atenção e concentração; o sedentarismo que produz impactos no desenvolvimento corporal e na maturação cerebral; a diminuição da qualidade e quantidade das interações familiares (imprescindíveis para o desenvolvimento da inteligência emocional) e a diminuição do tempo dedicado a atividades intelectuais culturalmente mais enriquecedoras como a leitura, por exemplo.

Nas escolas e faculdades o acesso fácil a trabalhos prontos, conceitos mastigados, resumos de obras literárias e acadêmicas podem estar debilitando nossa capacidade para pesquisar e produzir conhecimento. Quando imperam os *templates*, padrões pré-idealizados e linguagem simbólica hipersimplificada, evidentemente o poder de pensar, imaginar e mesmo criar pode estar sendo substituído por padrões cognitivos mais obtusos. Para Desmurget, quando uma telinha é colocada nas mãos de uma criança ou adolescente, muito provavelmente prevalecerão os usos recreativos mais empobrecedores: estaríamos às vésperas de um mundo no qual, por meio do acesso constante e debilitante ao entretenimento rasteiro, os mais jovens e suscetíveis estão cada vez mais aprendendo a amar sua servidão à inação e amortecimento intelectual.

## Prejuízo nas Relações Interpessoais

Há quem ainda subestime a influência da qualidade dos nossos relacionamentos interpessoais sobre nossa saúde. O fato é que esta influência é grande – não apenas sobre nossa condição psíquica, mas também sobre nossa saúde física. Inúmeros estudos têm demonstrado, inclusive, a preponderância da qualidade dos nossos relacionamentos sobre diversos outros fatores notoriamente conhecidos por diminuir nossa chance de sobrevida. Por exemplo, ser obeso aumenta em 20% a chance de uma pessoa ter morte prematura. Alcoolismo aumenta essa probabilidade para 30%, tabagismo em 50% e, ouçam bem, relações interpessoais negativas ou empobrecidas, estarrecedores 70%.

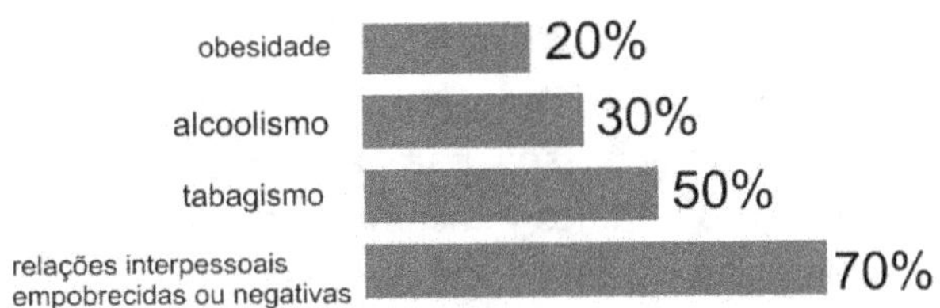



*Fatores que Impactam a Taxa de Mortalidade*
*Fonte: Pressman, Jenkins e Moskowitz (2019).*

Quando pensamos, por exemplo, nos relacionamentos românticos, já temos indícios consistentes de que os mesmos são afetados negativamente pelo mau uso das redes sociais. Brigas, ciúmes, traição e divórcio já são algumas das consequências relacionadas ao uso excessivo do Facebook[10].

Vires tem muitos amigos. Pelo menos é assim que são chamados os seus contatos nas redes sociais. De fato, ela conhece pessoalmente uma parcela bem pequenas deles. E, mesmo entre os que conhece presencialmente, muitos apenas "de vista". Com frequência, Vires sente uma certa angústia difusa: nenhum dos seus "amigos" nas redes parece ser uma pessoa que possa satisfazer sua necessidade de compartilhar seus anseios mais profundos. Muitos contatos, poucos vínculos significativos. Quando sente uma necessidade premente de desabafar, faz isso por meio de posts meio desconexos, às vezes um tanto agressivos, ocasionalmente ácidos ou ainda levemente melancólicos.

Para cada pensamento e emoção mal elaborada são necessários muitos posts desses. E mesmo assim, parece que a angústia só cresce. Eles fornecem apenas um alívio temporário. Não dá para metabolizar essas agonias da alma por meio de fotos de por do sol, palavras de ordem ou frases de efeito supostamente escritas por Shakespeare ou Mahatma Gandhi. Sua ânsia por vínculos realmente significativos não pode ser suprida pelo tipo de relacionamento humano que tipicamente se estabelece nas redes sociais. Ela se sente isolada e solitária, mesmo em meio à polifonia de vozes que se sucedem na telinha de seu smartphone. Nunca esteve tão conectada com o mundo, mas nunca esteve tão só.

Se imaginarmos uma definição mais restritiva de amizade, por exemplo, como uma pessoa para a qual poderíamos contar qualquer coisa, mesmo aqueles pensamentos que temos receio de dizer em voz alta para nós mesmos. Alguém que jamais nos julgasse por aquilo que disséssemos, mas que estivesse sempre lá para nos apoiar e nos ajudar a pensar sobre a vida. Bem, segundo essa definição, quantos amigos verdadeiros teríamos? Talvez apenas um ou, quem sabe - os mais afortunados - até dois ou três. Algumas pessoas, certamente, nenhum. Esse tipo de vínculo profundo de intimidade é incomum mesmo presencialmente. Nas redes sociais, então, quase impossível. São vínculos construídos pelo diálogo, pela escuta e empatia. Algo muito diferente da cacofonia digital.

Vires nem sabe que carece de um amigo assim — na verdade, ela constantemente alimenta o autoengano de que sua vida não é solitária. Ela sequer percebe que seus relacionamentos são empobrecidos e que não conseguem suprir a necessidade humana básica de ter vínculos profundos com ao menos umas poucas pessoas no mundo. Assim como milhões de outros usuários, Vires prefere criar e projetar uma imagem artificial de si mesma para se relacionar com as imagens artificiais criadas e projetadas pelos outros: não há ninguém de verdade do outro lado da telinha...

## Perda do foco

A multiplicidade de postagens e de mensagens, que chegam a qualquer momento numa ordem aleatória, obriga o cérebro a lidar com informações rápidas e diferentes, numa alternância de assuntos. Tudo é curto e rápido, e é preciso absorver, apreciar ou comentar também com rapidez. Os temas se alternam dentro de um simples minuto. Algo está sendo visto no Instagram e chega uma mensagem no WhatsApp sobre outro assunto, é preciso alternar e depois voltar.

Com o tempo, Vires foi perdendo a capacidade de se concentrar numa tarefa ou num deleite. Já não consegue mergulhar num filme, ouvir uma música sentindo os acordes e a letra, ler um romance, sorver uma poesia. A rede entra a qualquer momento, distraindo. Se ela desligar o celular (o que é impossível nessa fase), o efeito será o mesmo. Seu cérebro, acostumado a esse influxo de mensagens e a essa interação em múltiplas janelas que se abrem e fecham, já virou um caleidoscópio. Isso se reflete no trabalho, onde a concentração é necessária, nas relações verdadeiras, onde as pessoas esperam um mínimo de concentração, e na sua saúde, porque concentrar-se em algo é uma forma de viver aquilo de forma mais intensa e prazerosa. Ela começa a sentir uma sensação permanente de angústia, de aflição, sente-se indisposta a qualquer atividade que exija foco.

Momentos de reflexão e de introspecção, que são tão necessários para todas as pessoas, já não existem. Aproveitar um tempo livre para meditar sobre si mesma, sobre seus objetivos e estratégias, pensar sobre sua vida, não é mais possível. Já não existe tempo livre: a rede ocupa todo o tempo disponível. Passar algum tempo consigo mesma, agora, significa viajar no Instagram, no Facebook ou no Twitter, alternando com rapidez. A partir de certo ponto, mesmo que ela não esteja ligada nas redes sociais, seu cérebro funciona à base de assuntos rápidos que se alternam, num sistema que leva à exaustão. Essa sensação de aflição permanente é resolvida de forma simples: entrando na rede social para ver o que está acontecendo.

## Diminuição da autoestima

*Estou farto de semideuses. Onde é que há gente no mundo?*

A frase é de Álvaro de Campos, pseudônimo de Fernando Pessoa. Muito antes de existirem redes sociais virtuais, o grande poeta escreveu no clássico *Poema em Linha Reta* um desabafo sobre a situação em que via as demais pessoas, sempre felizes e perfeitas, e expressou sua angústia com suas próprias imperfeições. Nada de novo sob o sol.

Vires começou a se sentir como o poeta português, mas não teve a mesma consciência do problema. Pareceu a ela que os outros eram mesmo muito felizes e que ela, que tinha muitos problemas como todas as pessoas, era inferior.

A comparação com o restante da sociedade é algo que sempre existiu. Em 1954, o psicólogo norte-americano Leon Festinger detalhou aquilo que se chama de *comparação social*. Uma vez que a autocrítica é muito difícil, e que conhecer a si mesmo é uma tarefa árdua, avaliamos nossas qualidades e defeitos observando o restante da sociedade e nos comparando com os demais. A comparação pode ser ascendente, descendente ou horizontal. Quando nos comparamos com os que estão acima, quer seja em aspecto físico, habilidades ou sucesso, isso não nos causa muita angústia, pois representam paradigmas que podemos perseguir, mas que estão distantes de nós. Exemplo disso é a observação de celebridades, que no passado se dava por meio das revistas impressas ou da TV. A comparação com pessoas que estão em nível percebido como mais baixo é pouco frequente, porque não traz uma motivação para melhorar. A comparação social mais frequente e eficaz é a horizontal, onde nos comparamos com pessoas semelhantes a nós. As redes sociais não criaram isso, mas aumentaram exponencialmente as possibilidades de comparação, que ficaram centenas de vezes mais abundantes que na vida real. Já não vemos revistas com celebridades; cada pessoa tem sua própria "revista online". Além disso, o cuidado e os retoques que as pessoas usam em suas postagens fazem com que o restante da sociedade pareça melhor do que é. Estudos mostram que as mulheres fazem, mais frequentemente, comparações com o aspecto físico (beleza, elegância) enquanto os homens comparam-se mais vezes em termos de sucesso ou riqueza.

Vires abre o Instagram e vê um amigo numa praia maravilhosa, enquanto ela está no trabalho. Outro está numa festa, e ela irá para casa ao final do dia. Todos parecem estar aproveitando a vida e tendo momentos incríveis, exceto ela. Isso faz com que ela permaneça ligada, e aumenta a sensação de FOMO. Não é mais apenas o medo de perder alguma informação; é a sensação de que todos estão se divertindo, curtindo a vida, e de que ela não está participando.

As pessoas sempre procuraram se apresentar socialmente melhores do que são. Porém, quando as relações sociais eram apenas físicas, isso era mais difícil. Por mais que a pessoa se esforçasse para parecer alegre, bem sucedida, feliz em todos os aspectos da vida, sempre podia passar algum pequeno detalhe que denunciasse uma fraqueza. Um gesto, um olhar, uma leve sombra sob os olhos, uma frase espontânea. Na rede social virtual, a "felicidade" impera. As imagens são selecionadas, nada é postado sem um filtro. As frases são revistas antes de serem divulgadas. As pessoas parecem estar sempre em estado de graça, lindas em famílias lindas, em harmonia com o mundo todo numa vida sensacional. Na vida real, você pode tropeçar na entrada de um evento, pode derramar algo na roupa sem querer ou seu sorriso pode não ser perfeito porque uma pequena migalha da alface da salada está no seu dente; a vida real não é editável. Nas redes sociais, isso não acontece; cada vídeo, cada foto, cada frase é cuidadosamente examinada e editada antes de ser mostrada. É claro que, na sociedade real, as pessoas usam maquiagem, roupas que favorecem a forma e penteados bem feitos. Sabemos que as fotos de celebridades, nas revistas, sempre foram muito produzidas e até mesmo editadas. Mas nada se compara com os aplicativos existentes hoje para smartphones, que permitem tirar rugas, modificar o tom da pele, emagrecer, afinar a cintura, branquear os dentes e alterar praticamente qualquer coisa que desejemos. E isso não é verdadeiro apenas no caso das celebridades, mas também (e principalmente) para pessoas como nós. Essa comparação horizontal com imagens e eventos que são editados, ou que representam apenas amostras de momentos especiais dos nossos semelhantes, causa uma enorme queda na autoestima e pode mesmo levar à depressão em pessoas sensíveis.

Isso aconteceu com Vires. Estabeleceu-se um círculo vicioso: ela se sente inferior a todos, nesse mundo de perfeitos; como qualquer pessoa, quando se sente inferior ela precisa de reforços e de elogios. Posta mais uma *selfie*, editada, em que aparece linda e feliz. Os comentários elogiosos começam a chegar. Linda, maravilhosa, querida, arrasou. Essa sensação é inebriante.

Também sou linda, e feliz. Anestesia, por um momento, a dor de se sentir inferior. Mas, como acontece com qualquer droga, tem um efeito passageiro. Em breve ela vai precisar postar uma nova foto, para renovar essa sensação. Pode parecer a você, leitor, que a rede social está fazendo um bem a ela, aumentando sua autoestima e permitindo que ela se dedique mais às coisas que lhe são realmente importantes. Mas não é um aumento da autoestima baseado em elogios por sua real beleza física, por suas conquistas pessoais ou, o que seria ainda melhor, por suas qualidades de caráter e competências na vida pessoal ou profissional. São elogios dirigidos à pessoa que ela criou e postou na rede, a uma espécie de avatar que não representa a sua essência, e muitos deles são padronizados em clichês típicos da própria rede. Ela finge, para si mesma, ignorar que os comentários elogiosos não são dirigidos a ela em especial, mas vêm de pessoas que comentam e elogiam diariamente todos os *selfies* que aparecem nas suas redes. Ou seja, tentando se destacar, ela cai novamente no comum e se mistura no rebanho de *selfies* e elogios, alguns deles sinceros mas também dirigidos a qualquer pessoa na rede que tenha feito o mesmo. Vires retribui curtindo e comentando os *selfies* das amigas e dos amigos, num círculo de interreforços cibernéticos quase automáticos. Não são elogios por ter conquistado algo, por alguma ação que mereça destaque ou por ser ímpar. *Likes* são dados simplesmente porque ela expôs sua figura, e é hábito nesse ambiente virtual as pessoas reforçarem umas às outras.

Além da comparação com outras pessoas, as postagens podem ser usadas para medir a popularidade. Isso se fazia no ambiente físico, especialmente em ocasiões sociais. Numa festa, era frequente ver vários convidados aglomerados em torno de uma pessoa. Também podia acontecer de alguém ficar à margem, despercebido. Isso não dependia apenas da beleza física, mas também de qualidades como carisma, simpatia, charme, inteligência, e refletia, de certa forma, a importância social. Nas redes é diferente. *Selfies* com frases curtas de impacto refletem apenas a imagem da pessoa, na maioria das vezes editada; são postadas como forma de avaliar a sua importância, como se cada um medisse seu "valor de mercado" através de votos representados por curtidas e comentários. A pesquisa é, porém, falsa e inútil. Muitos dos votos (ou *likes*) são feitos para troca: eu curto você e você me curte. Alguns comentários são postados para aumentar os votos de quem comenta, e alguns *likes* são feitos por robôs. O resultado da pesquisa inebria, se for bom, e deprime se for ruim, embora não reflita absolutamente nada de verdadeiro, em nenhum dos casos.

Esse sistema de reforço vazio funciona por algum tempo. Mas não é real. A partir de certo momento, já não satisfaz. Ela vai continuar, mas precisa de algo mais. Precisa viver sensações novas e receber elogios fora da rede. O passo seguinte será tentar viver, de fato, de forma sensacional e ímpar.

## Perda do Contato com a Realidade

Sair do comum na vida real, levantar-se do banco da praça, sair da janela, romper o cotidiano, também não é algo novo. É o último estágio da revolta contra a vida diária. Todos assistem a filmes, alguns leem romances, e em algum momento entram em contato com realidades diferentes da própria vida monótona. A maioria das pessoas percebe que aquilo é ficção e volta à sua realidade, sem nenhum problema. Assistir a um filme de James Bond não faz com que as pessoas saiam do cinema e liguem para o MI-6 em Londres, pedindo para entrarem num curso de agente secreto. Em geral, os adultos conseguem diferenciar a dimensão ficcional de sua vida real.

A rede social, porém, tem um efeito muito mais poderoso do que livros, filmes ou séries da Netflix: como é composta de pessoas comuns, que aparecem em suas vidas diárias depois de filtradas, parece não se tratar de ficção, mas sim da realidade da vida de toda gente. Não é James Bond nem Natasha Romanoff que estão na rede vivendo momentos lindos, mas são pessoas reais, às centenas (na verdade são pessoas reais, mas não representam o real dessas pessoas). A sensação de espiar a vida de pessoas comuns e verificar que ela é emocionante e cheia de felicidade é muito diferente de assistir a uma série na TV onde os personagens são interpretados por atores. Em pessoas mais suscetíveis, essa sensação pode desencadear o desejo de mudar de vida e de viver, de fato, em um mundo diferente do seu. Quando alguém sai do sonho virtual para o sonho na vida real, as consequências são imprevisíveis. O que era raro passou a ser mais frequente com as redes sociais.

A atitude de sair e viver uma vida irreal foi descrita em duas obras primas da literatura. O personagem Dom Quixote, de Cervantes, era um homem que lia compulsivamente livros de cavalaria. Até aqui nada de novo, pois naquele tempo não existiam filmes nem séries na TV; a informação era obtida por meio dos livros. A partir de certo ponto, ele começou a acreditar que era um cavaleiro andante e saiu pelo mundo tentando salvar donzelas e punir malfeitores. O livro, publicado no início do século XVII, tem um tom satírico que no cinema e no musical foram substituídos por uma visão romântica e poética do personagem. Os termos *quixotismo* e *quixotesco* passaram a se referir ao excesso de cavalheirismo ou a coragem imprudente, por causa do famoso episódio em que ele investe contra moinhos de vento acreditando que eram gigantes. Mas Dom Quixote era, na verdade, um louco que criou para si mesmo um personagem irreal e passou a viver esse personagem.

Madame Bovary, personagem do clássico livro de Gustave Flaubert trazido ao cinema por Sophie Barthes, também lia muitos romances. Emma Bovary vivia numa pequena cidade e tinha todo o necessário, incluindo um marido atencioso e amável. Porém, sua ânsia de ter experiências para além da sua vida pacata e rotineira, como via nos livros, fez com que ela criasse (e vivesse) uma vida paralela, onde experimentou paixões ardentes e o luxo das cidades maiores. Passou a gastar mais do que tinha e a viver romances com homens que, depois, a desprezaram. O filósofo francês Gaultier criou o termo *bovarismo*, referindo-se ao estado de insatisfação crônica de alguém com sua própria vida e à procura de aventuras fora de sua realidade cotidiana.

Dom Quixote percebeu, por fim, que não era herói e que não existiam heróis. O final de Emma Bovary é mais trágico: termina pelo suicídio, deixando o marido arruinado e pesaroso pela perda da mulher que amava. Depois da morte da esposa, o Sr. Bovary encontra as cartas que ela havia trocado com os amantes (não existiam mensagens de WhatsApp) e também morre de desgosto.

O bovarismo e o quixotismo são raros, mas a rede social pode desencadear esses tristes desvios em pessoas suscetíveis. É o ápice dos efeitos colaterais.

# OS EFEITOS SOBRE A SOCIEDADE

Chamam-se redes sociais. Obviamente, podem alterar a sociedade e os costumes.

## Notícias falsas

As hoje denominadas *fake news* sempre existiram. Muitas vezes eram passadas de boca em boca, numa difusão obviamente limitada. Surgiam em jornais e revistas físicos, mas esses órgãos são mais vigiados e respondem judicialmente pelo que dizem (isso nem sempre acontece, mas mantém um clima geral de cuidado nas redações). Nas redes sociais tudo é permitido e difundido exponencialmente, e é muito difícil responsabilizar quem gera notícias falsas, por várias razões. A primeira é que, pela profusão de postagens e de usuários, é complicado identificar onde nasceu a notícia. Mesmo que se identifique, é difícil determinar se foi maliciosa ou de boa fé, e a responsabilização judicial também não é fácil. Mas *fake news* podem ser perigosas e manipular grupos inteiros.

Num caso que ocupou espaço na mídia tradicional em 2014, Fabiane Maria de Jesus, moradora do Guarujá em São Paulo, foi linchada por uma multidão que acreditava ser ela uma assassina de crianças ligada a rituais de magia negra. Uma foto postada nas redes sociais identificou Fabiane para os usuários. Mas a foto, na verdade, era um desenho do rosto de outra pessoa, feito por policiais do Rio de Janeiro dois anos antes. Se o desenho se parecia com ela ou não é irrelevante, pois ficou apurado, depois, que ela nada havia feito de errado. Fabiane morreu por causa dos ferimentos recebidos. Na época, três pessoas foram indiciadas pelo crime. Obviamente, nem todos os agressores puderam ser identificados; eram pessoas comuns, iludidas por uma postagem na rede social. Casos assim, extremos, não são tão comuns; mas situações que envolvem assédio, isolamento social ou destruição de reputação existem às centenas.

As redes sociais argumentam que não são responsáveis pelo comportamento de cada um de seus usuários. Porém, é claro que são um instrumento rápido e super eficiente de difusão de notícias falsas, com uma velocidade e alcance que podem levar a atitudes coletivas extremas, antes mesmo que alguém tenha tempo de dizer "um momento, pessoal".

## Polarização

A polarização, ou seja, a divisão das pessoas em grupos com opiniões extremas e contrárias, vem crescendo desde que as redes sociais surgiram.

São opiniões exageradas contra as vacinas, combatidas com agressividade por outros grupos favoráveis. Polarização na política, nos costumes, nas atitudes racistas ou antirracistas. É claro que todas as pessoas de bem são contra o racismo, mas há casos de pessoas que foram execradas por comentários que, se vistos no contexto correto, nada tinham de racista ou até mesmo combatiam o racismo. Um estopim se acende, baseado em uma postagem ressaltando alguma frase curta, fora do discurso, mal interpretada, e a rede faz explodir o ódio como se fosse um depósito de pólvora. A rapidez é tanta que ninguém tem tempo de se explicar; é a calúnia viajando na velocidade dos bits.

Na vida real, escolhemos nos relacionar com pessoas parecidas conosco, quer seja por preferências de hábitos, de hobbies ou de ideias. Assim mesmo, somos frequentemente expostos à diversidade, porque as pessoas são complexas e têm muitos aspectos na sua personalidade e nas suas ideias. Nas redes sociais essa diversidade vai se atenuando, porque a tendência é aglutinar pessoas com base em um tipo de pensamento ou de atividade expresso em postagens curtas e sem contexto. Vamos ficando cada vez mais cercados de gente que pensa como nós, o que forma ilhas e estimula a polarização. Além disso, as opiniões expressas são mais radicais que na vida real, pelo simples motivo de que uma opinião radical dá mais comentários e curtidas do que uma opinião ponderada. O mundo vai ficando com menos tons de cinza.

O ativista e escritor Eli Pariser chamou de "bolha dos filtros (*filter bubble*)" o ambiente virtual que se forma quando a rede social filtra o que vai passar a você, com base no que você escreve, pesquisa, ou com quem você se relaciona. Os algoritmos das redes observam toda a sua atividade, e passam a saber sobre você mais do que você mesmo talvez saiba. Isso é usado principalmente para enviar anúncios, como sabemos e como as próprias empresas admitem. Todos já tivemos a experiência de pesquisar um hotel na internet, ou de postar algo sobre uma viagem e em seguida começar a receber anúncios de agências de viagem. A Amazon (que não é rede social) sugere livros com base no que você comprou, e a Netflix (que também não é) sugere filmes. As empresas dizem que fazem isso para facilitar a nossa vida e a nossa busca, o que faz algum sentido. É como se você tivesse um mordomo que o conhece muito bem e que fizesse uma pré-seleção do que você deve comprar com base na sua necessidade e nos seus gostos.

Na livraria física de bairro, o livreiro também sugere livros que possam me interessar, porque me conhece e sabe o que eu gosto de ler. É claro que ele pode, às vezes, estar motivado para vender itens que interessam a ele promover, ou nos quais tem um lucro maior. Porém, como a interação é física, posso perceber isso pela atitude, pelo olhar, pelo movimento, pelo sorriso e por outra centena de sinais que envolvem uma comunicação face a face. Na internet isso desaparece.

O problema não está na sugestão de produtos de consumo; começa a ficar complicado quando envolve notícias e ideias. As redes sociais estão assumindo o papel de transmissoras de informação. Mark Zuckerberg costuma se vangloriar dizendo que o Facebook talvez seja a maior fonte de notícias do mundo[11]. Na mídia impressa, no rádio e na TV, cada empresa tem sua linha editorial, e costumávamos ler ou assistir aquelas cuja linha nos agrada mais. Porém, vemos todos as mesmas notícias e ideias num determinado veículo. Você pode ler a revista Veja, ou não; mas a revista Veja que você lê é a mesma que eu leio. Nas redes sociais outro fenômeno pode estar acontecendo: podemos estar recebendo notícias e comentários filtrados, e terminamos dentro de uma bolha. Isso acontece porque as mensagens são curtas e específicas (ninguém manda um post do tamanho de uma edição de jornal). As pessoas tendem a selecionar as opiniões iguais às suas, porque isso é gratificante. A sensação é do tipo "Eu estava certo" ou "Todos pensam como eu", e mais dopamina é liberada. Mais dopamina, mais engajamento, mais visitas à rede, mais *likes*, mais FOMO.

Isso ocorre quando nós mesmos, por opção, escolhemos ver mais postagens de pessoas que pensam como nós. As redes sociais negam estar dirigindo notícias e ideias com base no que elas aprendem sobre nós todos os dias, mas há quem tenha sugerido que isso pode acontecer. Afinal, se coletam milhares de informações e dirigem anúncios específicos para cada pessoa, por que não dirigir notícias e opiniões, já que isso faz aumentar a frequência com que a pessoa acessa e o tempo em que passa na rede? E, se acreditarmos que não fazem isso hoje, quanto tempo falta para começarem?

A prática também não é nova. Empresários e políticos têm, com frequência, pessoas que fazem sinopses sobre as notícias do dia para que eles leiam, já que não têm tempo de ler vários jornais inteiros. Muitas vezes, esses assessores acabam por selecionar o que vão incluir na sinopse, para agradar o chefe; notícias que o farão ficar de bom humor, e não irritado. Um método de sobrevivência no emprego. O problema é que isso pode estar acontecendo com todos nós, ou acontecerá em breve. O assessor substituído por um algoritmo que não pretende nos agradar, mas nos manter conectados e obter lucro financeiro selecionando o que lemos e moldando o que pensamos.

Seja isso intencionalmente produzido pelas redes ou escolhido por nós com base em um sistema de gratificação e seleção inconsciente, o fato é que vamos ficando cada vez mais presos a opiniões parecidas com as nossas. Diversidade de opiniões e, principalmente, opiniões moderadas e ponderadas, vão se tornando escassas. O mundo está ficando mais polarizado.

# SOU VIRES?

Não costuma ser fácil para as pessoas fazerem uma auto avaliação isenta acerca do próprio comportamento, especialmente quando estamos pensando sobre os aspectos sombrios de nossa maneira de ser. Filósofos e pensadores vêm se debruçando sobre esse tema há séculos. Sócrates, um dos maiores filósofos de todos os tempos e que viveu no quarto século antes de Cristo, certa vez foi "acusado" pela pítia (a grande sacerdotisa do oráculo de Apolo) de ser a pessoa mais sábia da Grécia. Ao invés de sentir-se lisonjeado com a declaração, questionou-a e passou anos conversando e fazendo perguntas aos mais diferentes tipos de pessoas para descobrir se a alegação era verdadeira ou não. Concluiu que todos os indivíduos com os quais interagia consideravam-se portadores de certezas e tinham as respostas para praticamente tudo. Em seus famosos diálogos, por meio de perguntas estrategicamente bem elaboradas, acabava mostrando que as pessoas, na verdade, pouco entendiam sobre o que falavam. Sócrates concluiu que a pítia provavelmente tinha mesmo razão: ele, de fato, era o homem mais sábio da Grécia, pois ao menos tinha consciência de sua própria ignorância – ao contrário das outras pessoas, que se consideravam detentoras do conhecimento, cuja consistência não resistia a alguns minutos de conversa com o filósofo.

Esta interessante característica humana foi bem estudada ao final dos anos 1990 por dois psicólogos norte-americanos, Justin Kruger e David Dunning da Universidade de Cornell. Em uma série de experimentos realizados com estudantes, esses pesquisadores descobriram que os participantes que se saiam pior em provas de conhecimentos (por exemplo, gramática e lógica) eram aqueles que também acreditavam ter tido as melhores notas. Na visão desses psicólogos, se você é incompetente, não consegue perceber que é incompetente. Esta característica, posteriormente chamada de Efeito Dunning-Kruger, atesta que, em muitos casos, as pessoas se acham melhores do que realmente são e também que quanto menos uma pessoa sabe sobre alguma coisa, mais ela vai achar que sabe. Todo esse autoengano se traduz numa grande dificuldade para reconhecer os próprios defeitos, comportamentos danosos e *gaps* de conhecimento - principalmente o mais importante deles: o autoconhecimento.

Voltando ao nosso milenar filósofo, Sócrates acabou ficando conhecido por uma frase (que afinal, nem era dele, mas antes uma recomendação bastante conhecida naquela época): "Conhece-te a ti mesmo" – ou pelo menos, o tamanho da nossa ignorância sobre o mundo e sobre nós próprios.

A esta altura você já deve estar se questionando se realmente seria possível concluir, por conta própria, se você está viciado no uso das redes sociais. Bem, mesmo com todas as dificuldades exploradas acima, é possível fazer avançar o seu autoconhecimento e, mesmo que de forma imperfeita, certamente você conseguirá ter alguns vislumbres importantes sobre seu estado atual. De fato, seria possível fazer isso mesmo se você refletisse sobre uma única situação hipotética.

Imagine que você está sendo convidado para participar de uma pesquisa na qual ficaria completamente isolado do acesso às redes sociais por um mês. Digamos que você ficará num local em que poderá fazer qualquer coisa, exceto acessar a rede por qualquer meio: smartphone, computador, *tablet* etc. Você participaria dessa pesquisa? Como você acha que se sentiria nesse período? Mesmo que você aceitasse participar, acha que conseguiria suportar todo esse tempo "desconectado"?

Se a ideia dessa situação hipotética lhe causa calafrios então talvez você nem precise responder o questionário que proporemos daqui a pouco.

## Avaliando o seu Grau de Dependência

Neste livro tivemos por objetivo chamar a atenção para o problema e, talvez, com um pouco de sorte, ajudar algumas pessoas a darem os primeiros passos para refletir sobre o potencial impacto negativo do uso excessivo das redes sociais. Neste capítulo propomos dois exercícios para você aprofundar sua compreensão acerca do problema. O objetivo desses exercícios (e das estratégias listadas no próximo capítulo) não é, de forma alguma, substituir a necessidade de um diagnóstico e eventual tratamento conduzido por um profissional de saúde devidamente habilitado para isso, como um psicólogo ou um psiquiatra.

## Um Questionário de Auto-Investigação

No momento em que escrevemos este livro as principais Redes Sociais (RS) são: Facebook, Instagram, Twitter, Pinterest, Youtube, TikTok e os grupos de Whatsapp. Mas pode considerar também outras modalidades que você usa, como fóruns de discussão, outros aplicativos de mensagens que contenham grupos (p. ex., Telegram) e redes mais específicas como SnapChat, LinkedIn, Reddit, Parler etc.

Evidentemente, se você for um profissional que faz uso das RS como decorrência do seu trabalho, talvez este questionário não se aplique automaticamente. É claro que, em tese, se você passa doze horas por dia pendurado nas RS por motivos profissionais (você é um youtuber, profissional de marketing digital ou blogueiro, para citar alguns exemplos) muito provavelmente não vai cogitar a possibilidade de estar viciado nas RS. Mas considere a seguinte analogia: é possível imaginar um enólogo que não seja alcoólatra (certamente a maioria não é), mas também é crível pressupor a existência de enólogos que, aos poucos, transformam-se em alcoólatras sem perceber. Então este questionário pode ser uma boa fonte de conhecimento de si mesmo, principalmente se você conseguir separar a sua *persona* profissional do seu papel como mero usuário das RS. O questionário proposto abaixo não possui validade científica[13]. Ele serve apenas para lhe dar um parâmetro para que você possa iniciar um processo de reflexão que o leve a um maior grau de autoconhecimento sobre os seus comportamentos em relação a um possível uso desequilibrado das plataformas sociais mencionadas.

Seria muito interessante se você pudesse pedir para uma pessoa que o conheça bem e preferencialmente conviva com você no dia-a-dia para também responder ao mesmo questionário em relação a você. Na verdade, isso seria uma forma bastante útil para obter uma visão externa e que, em última instância, possa ser comparada com a visão que você possui acerca de si próprio. Mas vamos lá:

Pensando no seu uso das RS ***nos últimos seis meses***, em todos os dispositivos que você usa (smartphones, computadores ou *tablets*), avalie as afirmações abaixo de acordo com a seguinte escala, sendo o mais honesto possível consigo mesmo:

| 0 | NUNCA |
|---|---|
| 1 | RARAMENTE |
| 2 | ÀS VEZES |
| 3 | MUITAS VEZES |
| 4 | SEMPRE |

| ítem | auto avaliação | avaliação de terceiros |
|---|---|---|
| Passo uma considerável parte de tempo do meu dia pensando sobre posts que vi nas redes sociais | | |
| Passo uma considerável parte de tempo do meu dia preparando ou planejando posts que colocarei nas redes sociais | | |
| Sinto-me angustiado se não posso acessar as redes sociais por algum motivo | | |
| Tento parar ou diminuir o tempo que passo nas redes sociais, mas não tenho sucesso. | | |
| Deixo de fazer outras atividades (esportes, hobbies, leitura etc) porque prefiro ficar zapeando nas redessociais. | | |
| Já tive discussões sérias com amigos ou familiares por causa do tempo que passo conectado às redes sociais. | | |
| Minto para familiares, amigos ou companheiro(a) acerca do tempo que passo acessando as redes sociais. | | |
| Uso as redes sociais para evitar sentimentos negativos (exemplos: tristeza, solidão, monotonia, angústia | | |
| Uso as redes sociais para escapar dos problemas da minha vida. | | |
| O uso das redes sociais tem impactado negativamente meu desempenho nos estudos ou trabalho | | |
| Tenho ido dormir tarde porque não consigo parar de zapear nas redes sociais | | |
| Logo que acordo, a primeira coisa que faço é olhar as redes sociais | | |
| Quando estou com outras pessoas, num encontro ou jantar, em muitos momentos me alheio à conversa e fico zapeando pelas redes. | | |
| SOMA TOTAL | | |

Some os valores assinalados em cada um dos treze itens na coluna de Auto Avaliação. Se você conseguiu que outra pessoa também respondesse ao questionário em relação a você, faça uma soma separada dos valores atribuídos em cada item na coluna Avaliação de Terceiros. Analise os resultados utilizando os seguintes critérios:

**Entre zero e 10 pontos:** O uso das RS não tem impacto na sua vida

**Entre 10 e 20 pontos:** O uso das RS tem certa influência em seu comportamento.

**Entre 20 e 30 pontos:** Você apresenta características claras de vício em RS

**Acima de 30 pontos:** Você possivelmente apresenta sério prejuízo das funções psicossociais e deveria buscar ajuda profissional o mais rapidamente possível.

Se você solicitou para outra pessoa da sua confiança responder o questionário em relação a você e os resultados porventura tenham sido muito diferentes, leve em consideração que não necessariamente a visão desta pessoa estará mais correta (ou menos correta) que a sua própria. Seria ótimo se vocês pudessem separar um momento para conversar juntos sobre a visão que cada um teve acerca de cada item específico – o que seria uma contribuição muito valiosa para a sua avaliação desses resultados.

Prosseguir com essa auto investigação é importante para que você tenha uma ideia da dimensão do problema. O questionário acima pode ser um bom começo. Por meio dele você poderá determinar, mesmo que de maneira aproximada, o grau de comprometimento do vício na sua rotina de vida, e mesmo sobre a sua saúde. Por exemplo, se você verificou um resultado acima de 20 pontos no questionário, o exercício que iremos propor para você em seguida pode mesmo ser bastante proveitoso.

## Mapeando seus Comportamentos e Atitudes nas Redes

Escolha uma ou duas das redes sociais que mais utiliza. Em seguida você deverá proceder a uma análise sistemática de tudo o que postou nelas durante as últimas quatro semanas. Esse período relativamente longo é necessário, pois vai fornecer a você uma amostra abrangente e recente, que poderá fornecer autoconhecimento valioso para a compreensão dos seus próprios sentimentos e pensamentos por trás dos seus comportamentos nas redes.

Você pode registrar suas anotações num arquivo de texto em seu computador, mas recomendamos que você use mesmo um caderno ou folhas de papel comum para isso. Sugerimos que faça diversas cópias da Tabela 1A em folhas avulsas, e apenas uma cópia das Tabelas 1B e 1C. Comece pelos seus posts mais recentes e vá retroagindo até completar o período de tempo proposto. Use os espaços da Tabela 1A para analisar cada post, colocando a data na primeira coluna (ou o dia da semana em que fez o post), uma palavra ou frase curta para nomear o post e, o passo mais importante, fazer uma reflexão honesta sobre a sua intenção no momento     em     que     postou     aquele     conteúdo     espe

## Tabela 1A - Lista de posts para análise

| data da postagem | qualifique a postagem em uma frase ou palavra curta | minha intenção com essa postagem foi: |
|---|---|---|
|  |  |  |
|  |  |  |
|  |  |  |
|  |  |  |
|  |  |  |
|  |  |  |
|  |  |  |
|  |  |  |
|  |  |  |

## Tabela 1B - Lista de intenções

| código | intenção | quantidade |
|---|---|---|
| 1 | ser engraçado | |
| 2 | ser aceito/fazer parte de um grupo | |
| 3 | divulgar uma notícia importante | |
| 4 | provocar ciúmes ou raiva em alguém | |
| 5 | criticar ou ridicularizar uma pessoa ou grupo | |
| 6 | ser irônico ou sarcástico | |
| 7 | defender uma causa | |
| 8 | reclamar sobre alguma coisa | |
| 9 | mostrar a todos minha opinião sobre algo | |
| 10 | propor uma ideia ou iniciativa | |
| 11 | *<para você adicionar>* | |
| 12 | *<para você adicionar>* | |

Para fazer isso, use os códigos da tabela de intenções (Tabela 1B). Se você não encontrar uma intenção na tabela que realmente explique o que estava querendo naquele momento, reflita sobre o que poderia ser sua intenção e crie um novo item na Tabela 1B, colocando seu próprio código de identificação. Mas antes de fazer isso, reflita bem se este post em particular realmente não se encaixa e **nenhuma** das intenções propostas: é bem provável que, se você analisar o post com calma, veja que, de fato, ele irá se encaixar em alguma das dez intenções propostas.

Uma situação que com certeza ocorrerá em sua análise é que você considere ter tido <u>mais de uma</u> intenção num único post. Não há nenhum problema nisto; neste caso, coloque duas ou, no máximo três intenções em cada post. Mas não mais do que isso, senão sua análise irá ficar inespecífica. Quando você terminar, terá uma quantidade grande de folhas com a Tabela 1A. Agora é o momento de fazer a contagem das intenções. Use a Tabela 1B para fazer essas totalizações, de maneira a poder transferir esses resultados, finalmente, para a Tabela 1C, agora com as intenções devidamente ranqueadas.

Você deve chegar a um resultado semelhante aos exemplos abaixo

## Tabela 1C - Ranking das intenções

| classificaçãoo | intenção | quantidade |
| --- | --- | --- |
| 1º |  |  |
| 2º |  |  |
| 3º |  |  |
| 4º |  |  |
| 5º |  |  |
| 6º |  |  |
| 7º |  |  |
| 8º |  |  |
| 9º |  |  |
| 10º |  |  |

Ao final, você terá, obviamente, inúmeras tabelas 1A preenchidas e assim, você deverá obter um resultado parecido com os exemplos abaixo. Observe que um único post pode ser classificado por você como possuindo mais de uma intenção, no entanto, procure não atribuir mais de três intenções para cada post.

# Exemplo de preenchimento
# da tabela !A

| data da postagem | qualifique a postagem em uma frase ou palavra curta | minha intenção com essa postagem foi: |
|---|---|---|
| 21 novembro terça | aquele do gatinho | 1 |
| 21 novembro terça | frase do dia | 1, 2, 6 |
| 21 novembro terça | selfie no barzinho | 2 |
| 22 novembro quarta | selfie sensual | 2, 8, 9 |
| 23 novembro quinta | piada de mau gosto | 5, 6 |
| ... | ... | ... |
| ... | ... | ... |
| ... | ... | ... |
| ... | ... | ... |

## Exemplo de preenchimento da tabela 1B

| código | intenção | quantidade |
|---|---|---|
| 1 | ser engraçado | 120 |
| 2 | ser aceito/fazer parte de um grupo | 396 |
| 3 | divulgar uma notícia importante | 0 |
| 4 | provocar ciúmes ou raiva em alguém | 57 |
| 5 | criticar ou ridicularizar uma pessoa ou grupo | 122 |
| 6 | ser irônico ou sarcástico | 201 |
| 7 | defender uma causa | 3 |
| 8 | reclamar sobre alguma coisa | 390 |
| 9 | mostrar a todos minha opinião sobre algo | 275 |
| 10 | propor uma ideia ou iniciativa | 1 |

# Exemplo de preenchimento
# da tabela 1C

| Classificação | Intenção | Quantidade |
|---|---|---|
| 1º. | *Ser aceito pelo grupo* | *39* |
| 2º. | *Reclamar s/ alguma coisa* | *36* |
| 3º. | *Mostrar minha opinião* | *27* |
| 4º. | *Ser irônico / sarcástico* | *20* |
| 5º. | *Criticar ou ridicularizar* | *15* |
| 6º. | *Ser engraçado* | *13* |
| 7º. | *Provocar raiva/ciúmes* | *8* |
| 8º. | *Defender uma causa* | *3* |
| 9º. | *Propor uma ideia* | *2* |
| 10º. | ________ | ________ |

De posse desses resultados, uma ideia interessante seria mostrá-los para um amigo(a) ou pessoa na qual você confia, para que vocês pudessem pensar juntos sobre as intenções explicitadas na Tabela 1C. Melhor ainda: se os dois pudessem fazer o mesmo exercício e discutir juntos as visões de cada um sobre este pequeno experimento. Mas, se não tiver ninguém com quem compartilhar essa análise, não tem problema. Você mesmo pode fazer uma reflexão solitária. A seguir, algumas ideias para orientar as suas reflexões:

1) Observe os três primeiros colocados na sua Tabela 1C. Essas são as intenções mais predominantes nos seus posts. O que isso parece indicar?

2) Se considerarmos os posts dos tipos 3, 7 e 10 (da Tabela 1B) como "potencialmente positivos" e os posts dos tipos 5, 6 e 8 (idem) como "potencialmente negativos", que tipo de post você mais produz, positivos ou negativos?

3) É bastante provável que os posts do tipo 1, 2, 4 e 9 representem uma tentativa de reforçar a sua auto-imagem, ou mesmo de melhorar a sua autoestima. Seria este o seu caso? Por que?

4) O que esses resultados dizem a respeito do grau de satisfação que você tem consigo mesmo, sua família, sua atividade profissional ou estudantil – enfim, dizendo de outra maneira, sua satisfação geral com a própria vida?

Acreditamos que, mesmo que você não seja um "viciado em redes sociais" propriamente dito, irá se beneficiar enormemente do autoconhecimento produzido neste exercício, assim como de com muitas das estratégias propostas no próximo capítulo. Mas, reforçamos a ideia: se você acredita que esteja realmente "viciado", além de realizar as atividades propostas a seguir, procure também ajuda profissional!

# O QUE POSSO FAZER PARA ME LIVRAR DO VÍCIO?

Quando uma pessoa tem um vício em uma substância, é comum afastar a pessoa daquela droga para que o corpo perca a dependência. Durante este processo, mediante acompanhamento médico e psicológico, é bastante comum também a prescrição do uso de medicamentos como ansiolíticos e antidepressivos para ajudar no processo de recuperação. Mas e em relação às redes sociais? Há remédio para isso?

# Mini-Detox

Neste exercício, ao invés de simplesmente pensar sobre o seu problema, você vai experimentar o que significa ficar sem acesso às redes sociais durante um curto período de tempo.   A ideia é simples: ao longo de um período pré-determinado – sugerimos algo entre dois e três dias, você não deverá acessar nenhuma das redes nas quais possui um perfil.   Mas antes de fazer isso, é necessária uma preparação. Algumas das coisas que você pode fazer nessa etapa de preparação incluem:

- No smartphone (e no *tablet*, se for o caso), remova todos os apps das redes sociais. Se for viável, também exclua os apps de mensagens ou, no mínimo, mude as configurações deles para que não emitam notificações.  Ao fazer isso você não estará provocando nenhuma mudança nos seus perfis nessas redes. Quando o mini-detox acabar, basta instalar novamente os apps e acessar suas contas normalmente.

- Caso utilize desktops ou notebooks pessoais, use o antivírus para bloquear o acesso aos websites das redes (caso não tenha, há opções gratuitas tanto para iOS quanto para Windows: AVG e Avira, por exemplo).   Normalmente é bem fácil fazer isso: entre no recurso "Controle dos Pais" (ou semelhante) e digite as URLs dos websites a serem bloqueados:                www.facebook.com, www.instagram.com etc. Depois, peça para uma pessoa de confiança mudar a senha do acesso ao antivírus para você não ficar tentado a acessar as redes num momento de fraqueza. Para evitar ainda mais a tentação, elimine os ícones de acesso rápido às redes que ficam nas barras de favoritos dos *browsers* (longe dos olhos, longe do coração, certo?).

- Separe um caderno ou bloco de notas (físicos) para ficar com você todo o tempo. Nele você deve anotar diariamente tudo o que estiver sentindo e pensando sobre a sua experiência durante o período de mini-detox. Escreva sobre os seus anseios, irritações, melancolias e tudo o mais que surgir, como se estivesse narrando para outra pessoa. Você pode inclusive nomear esse interlocutor fictício, para facilitar o processo de diálogo consigo mesmo. Em princípio, você não mostrará esse diário para ninguém, embora não tenha nenhum problema se você quiser fazê-lo.

Ao final do período de mini-detox, aguarde pelo menos uma ou duas semanas para ler essas anotações, do começo ao fim. Algumas coisas para refletir, preferencialmente também por meio da escrita:

1) Você conseguiu completar o mini-detox no período programado ou não foi até o fim? Caso tenha interrompido o processo, o que estava acontecendo naquele momento? O que você estava sentindo e pensando quando decidiu interromper? Na verdade, o fato de você não ter completado o mini-detox (não importa o motivo), é um sério indicador de que o seu vício em redes sociais é mesmo intenso e real.

2) O que você fez durante o tempo em que antes usava as redes? Saiu mais de casa? Conversou mais com as pessoas? Passou tempo com a família? Leu livros? Como foi essa experiência?

3) As pessoas do seu convívio apoiaram a sua iniciativa? Tentaram ridicularizar ou boicotar você? Como você se sentiu em relação a isso? Envergonhado, com raiva, motivado/desmotivado, cobrado? Lembre-se de que estamos todos mergulhados em contextos sociais: família, colegas de escola/trabalho e inúmeras outras tribos das quais fazemos parte e pelas quais temos grande necessidade de ser aceitos. Talvez seja difícil para as outras pessoas compreenderem que você tem um problema real; talvez elas lidem bem com as redes sociais e por isso tendam a rotulá-lo(a) como

fraco ou problemático(a).   Busque conversar com as pessoas que reagiram negativamente à sua iniciativa, mostrando para elas que este é um problema sério e que você precisará do realmente do apoio delas quando for enfrentar isso para valer. De qualquer maneira, dê ênfase no relacionamento com as pessoas que o apoiaram, pois elas vão ser aliadas importantes no seu combate ao vício.

4) Durante o período do mini-detox houve alguma mudança em seu padrão sono ou alimentação? Sentiu-se mais ansioso ou agitado?   Alterações desse tipo podem mostrar como seriam algumas reações iniciais de abstinência, quando você for adotar estratégias mais radicais de enfrentamento do vício.  Quando sabemos o que esperar, tudo fica mais fácil.

5) Qual é a sua avaliação geral do experimento mini-detox? Em que grau foi difícil passar pelo mesmo? Dê uma nota de zero (muito fácil) a dez (quase impossível) a essa experiência.

6) Quando for ler o seu diário, use uma caneta marca-texto para assinalar emoções e pensamentos que você considerou importantes. Quais emoções/sentimentos surgiram: positivos (prazer, gratidão, compaixão etc.) ou negativos (raiva, tristeza, medo, ansiedade etc.)?   Quais foram mais frequentes? Foram emoções intensas ou relativamente leves?

Uma excelente pedida seria poder compartilhar suas reflexões referentes às seis questões propostas, com um amigo(a), familiar (ou terapeuta, se for o caso). Alguém que seja capaz de ouvir com paciência e compaixão o que você tem a dizer. Toda essa reflexão deve convergir para algumas conclusões básicas:

- Você realmente está viciado em redes sociais?
- Consegue perceber com clareza o impacto disso em sua vida?
- Está disposto a enfrentar o problema?
- Acha que consegue enfrentar isso sozinho ou seria melhor contar com ajuda?
- Quem serão, nesse caso, os seus aliados?

## Enfrentando o Problema

Dividimos nossas recomendações em dois conjuntos de estratégias progressivamente mais desafiadoras: estratégias básicas e fáceis de implementar e estratégias avançadas (para um enfrentamento agressivo). Observe que são apenas sugestões para inspirar você em relação a mudanças comportamentais no uso das redes sociais. Nem todas essas sugestões serão necessariamente úteis ou viáveis para algumas pessoas.

## Estratégias para Começar:

Pode ser uma boa ideia simplesmente começar alterando pequenos hábitos. Você provavelmente conhece o ditado: "grandes mudanças sempre começam com os primeiros passos...".

1) Coloque as configurações do seu smartphone para trabalhar a seu favor. A mais importante dessas configurações diz respeito às notificações: mude as preferências de notificações diretamente no sistema (iOS ou Android) ou nos próprios apps. A ideia é parar de ser avisado a cada vez que um amigo poste alguma coisa ou que alguém curta um post seu. Você também pode silenciar grupos de WhatsApp/Telegram, bem como apps de e-mails. Desative tudo que não tenha a ver com demandas profissionais ou familiares realmente urgentes.

2) Durante algum tempo, passe a usar um relógio de pulso. Você pode ter desenvolvido o hábito de olhar para o celular para ver as horas e frequentemente isso serve de estímulo para, a um deslizar de dedos, acessar também redes sociais e outros apps. Uma outra ideia poderosa é parar de usar o celular como despertador para acordar pela manhã: volte ao velho e bom rádio relógio tradicional, ou mesmo um despertador comum. Isso vai ajudar você com a próxima estratégia.

3) Desligue ou pelo menos coloque seu smartphone em "modo avião" quando for dormir. Melhor ainda: deixe seu celular em outro cômodo da casa quando for dormir. Isso evitará a

tentação de olhar e-mails ou mensagens antes de dormir – e até mesmo no meio da noite (sim, algumas pessoas fazem isso...).

4) Caso tenha vários perfis numa mesma rede social, diminua esse número para um para cada rede. Quantos mais perfis diferentes, mais estímulos e notificações.

5) Faça uma "limpa" na sua lista de amigos. Certamente tem muita gente lá que você nem conhece. Abandone a ridícula ideia de que a sua importância no mundo tem a ver com a quantidade de "amigos" em redes sociais. Quanto mais gente houver entre os seus contatos, maior será seu *feed* de notícias e maior a sobrecarga de informações inúteis que você recebe. Perceba que a tentativa de acumular milhares de contatos não vai deixar você mais popular, somente irá produzir mais stress e ansiedade.

6) Seja seletivo: não aceite solicitações de amizade indiscriminadamente, nem siga todos os seus colegas de trabalho ou da escola. Prefira se conectar apenas com aquelas pessoas com as quais você já tenha um vínculo significativo na vida real. É realmente muito tentador aceitar um convite de amizade de um desconhecido. Mas considere que muitos deles são *bots*, perfis falsos ou mesmo pessoas que estão tentando aumentar sua base de contatos com a intenção de vender alguma coisa (ou propagar ideias políticas, por exemplo).

7) Saia de grupos de WhatsApp/Instagram. Permaneça apenas naqueles estritamente necessários, por motivos educacionais, profissionais ou aqueles criados para atividades com prazo determinado para acabar (como um grupo que se organiza para dar uma festa, por exemplo). Muitas pessoas têm receio de sair de grupos para não parecerem mal-educadas. Lembre-se do seguinte: mal-educado é quem adicionou você num grupo à sua revelia (aliás, pelo menos no WhatsApp, é possível configurar as preferências para que você nunca seja adicionado automaticamente, sem sua concordância expressa).

8) Instale apps para monitorar seu uso de internet. A cada dia que passa existem mais e mais opções de apps para fazer isso, como Moments, AppDetox etc.

9) Ponha seu smartphone em "modo avião" durante as refeições. Se fizer isso, eliminará dois hábitos terríveis. O primeiro deles é o de, quando comendo sozinho(a), ao invés de prestar atenção à comida e ao ambiente, ficar zapeando em notícias ou nas redes sociais. O segundo, quando estiver com amigos ou sua família, dar mais atenção ao celular do que às pessoas que estão ali com você, naquele momento. Além disso, não tenha medo do silêncio durante as refeições. Aos poucos, com a desintoxicação – que pode ser coletiva, no caso de algumas famílias e grupos, as conversas voltarão, com naturalidade.

10) Partindo das introspecções obtidas no exercício de mapeamento que você fez no capítulo anterior, passe a ser extremamente seletivo na hora de postar. Pense no seguinte:

- O excesso de *selfies* só mostra como você é inseguro e narcisista. Veja como são ridículas as pessoas que postam várias *selfies* ao dia: elas estão desesperadamente tentando mostrar ao mundo como são bonitas, legais e têm uma vida fantástica, quando provavelmente é o contrário disso. Mesmo no caso da beleza, considere: por que uma pessoa que se acha bonita teria necessidade de ficar mostrando isso a todo instante? Tem algo errado aí, não é mesmo?
- O mesmo vale para pratos de comida, fotos do seu pet, frases de autores famosos (que, em geral, jamais disseram aquilo) etc. Imagine que cada um desses posts representa um quilo de lixo informacional que você está pondo no mundo. É hora de compreender a ecologia de maneira mais ampla: a "infosfera" também faz parte do meio-ambiente!

11) Para complementar a estratégia anterior, sempre que tiver vontade de postar alguma coisa, espere um pouco. Não faça isso impulsivamente. Aguarde pelo menos dez minutos e reflita novamente se aquele post é de fato relevante. Numa versão mais radical desta estratégia, experimente apenas anotar suas ideias

num papel e postá-las somente em determinada hora do dia ou, melhor ainda, no dia subsequente.

12) Não responda aos comentários que outras pessoas fazem aos seus posts imediatamente. Mesmo que o comentário tenha sido desagradável e você fique com raiva. Lembre-se de uma coisa importante: aquilo que você escreve nas redes, seja na sua linha do tempo ou na de outra pessoa ou grupo, ficará lá para sempre. Você pode tentar apagar, mas alguém pode fazer uma cópia e repostar alguma barbaridade que você expressou num momento de destempero. Isso pode lhe causar uma demissão, problemas no seu casamento ou namoro, conflitos desnecessários com amigos ou fazer com que você ganhe um "rótulo" doloroso e prejudicial no grupo em que convive. Então, depois de "dar um tempo" (faça uma caminhada e esfrie a cabeça), pense nas duas alternativas viáveis à sua disposição. A primeira e melhor delas é simplesmente não responder ao comentário. Por que tudo tem que ser um cavalo de batalha? Simplesmente deixe para lá! Sua segunda opção viável é responder de maneira racional e educada, mesmo que o comentário da outra pessoa tenha sido agressivo. Mostre quem é maduro. Se houver réplica, não responda. É melhor interromper a escalada de insanidade mútua.

13) Exclua apps do seu smartphone, tornando-o menos interessante e mais desnecessário. Nos primeiros dias faça uma limpeza de todos os apps que você não utilizou nos últimos três meses. Aguarde alguns dias, tranquilize-se e perceba que nada mudou na sua vida. Repita agora o processo com os apps que você usa pouco. Vá fazendo isso até permanecerem os apps imprescindíveis como os de home banking, calculadora, música, mapas, trânsito, e aquele que faz e recebe ligações (lembra dele?). O princípio aqui é o de diminuir a necessidade de você usar o celular, retirando paulatinamente certas funções.

14) Quando estiver no trabalho ou numa festa, ao invés de enviar mensagens ou e-mails para as pessoas fisicamente próximas, levante-se e vá falar com elas pessoalmente. Olhe nos olhos e redescubra a maravilhosa aventura de conversar com as pessoas de verdade!

15) Caso ainda não faça, inicie uma atividade física sistemática (pelo menos 3 vezes por semana. Se puder 5 ou 6 vezes, dependendo da atividade, será ainda melhor). Pode ser qualquer coisa: natação, artes marciais, caminhadas/corridas, dança de salão, musculação, yoga, andar de bicicleta etc. Sabemos hoje que os exercícios físicos realizados sistematicamente não são benéficos apenas para o corpo, mas também para a mente e para o cérebro. Introduzir uma nova rotina saudável na sua vida vai incrementar a circulação de endorfina, incentivar a neuroplasticidade e a até mesmo a neurogênese[12].

16) Encontre novas atividades para fazer durante o tempo ocioso. Reinvente-se por meio de cursos e hobbies. Vá aprender uma nova língua ou a tocar um instrumento musical. Faça uma lista de livros que gostaria de ler e embarque numa jornada de aprimoramento intelectual. Dê vazão à sua criatividade: comece a escrever ou dedique-se a uma causa social – ajudar outras pessoas é, de longe, a melhor terapia! Mas muito cuidado para não trocar um vício pelo outro: cuidado com os apps de jogos para smartphones! E se for aprender outra língua em apps como o Duolingo, por exemplo, faça apenas os exercícios propostos e ignore as atividades sociais que o app sugere, como fazer parte de grupos ou concorrer com outras pessoas por pontos em qualquer tipo de atividade. Faça uma competição apenas com você mesmo e ignore o resto...

17) Quando estiver em um lugar bonito ou interessante, ao invés de impulsivamente ir logo tirando fotos, simplesmente comece apreciando o momento. Olhe para tudo atentamente: vá sorvendo os detalhes do ambiente ou da paisagem que está observando. Perceba também os sons e cheiros do lugar. Se, depois de todo esse ritual, ainda sentir vontade de tirar fotos, tudo bem. O importante é viver esse momento e eternizar essas sensações verdadeiras em sua memória.

18) Se estiver em uma festa ou conversando animadamente com amigos queridos, esteja presente na conversa. Olhe nos olhos das pessoas, desenvolva sua intimidade e apreciação pelo que está acontecendo na conversa naquele instante. Descubra o que as pessoas pensam, ouça suas histórias e também conte suas histórias para elas. Reconecte-se com o mundo real!

19) Conscientize-se de que você está travando uma guerra contra empresas multibilionárias que contam com batalhões de psicólogos e engenheiros comportamentais que foram contratados exclusivamente para fritar o seu cérebro e manter você amortecido e abestalhado, sem produzir nada de real nesse mundo. Você não vai deixar essa gente ganhar de você, vai? Resgate seus brios e sua dignidade!

## Estratégias Avançadas

20) Dê vazão à sua necessidade de expressão por meio de um blog ou um diário. Use esta estratégia para escrever sobre como você se sente em relação ao vício, ou mesmo sobre o seu momento de vida. Seus anseios, esperanças, medos, enfim, tudo aquilo que o(a) incomoda, mas escreva também sobre as coisas boas que vêm acontecendo em sua vida. Existem inúmeros estudos científicos que atestam os benefícios de se manter um diário pessoal, incluindo a diminuição do stress, melhoria do humor, redução de sintomas da depressão, redução da pressão arterial e melhoria no funcionamento do sistema imunológico, para citar alguns[14].

21) Exclua seus perfis das redes. Você não precisa fazer isso de uma só vez: escolha na primeira semana aquela rede que você menos utiliza e exclua a sua conta nessa rede. Continue utilizando as outras redes normalmente. Ao final desse período, reserve um tempo para refletir sobre a diferença que esse perfil a menos fez em sua vida. Se não quiser fazer a exclusão, tente um passo menos radical: apenas desative temporariamente a conta. Vá desativando a cada semana uma rede diferente, até ficar sem nenhuma. Para se tranquilizar, pense que as desativações não são irreversíveis: representam apenas um mais um experimento para ajudá-lo a sentir como é um detox digital! Até o momento em que escrevemos este livro, não há dados suficientes para afirmar quando ou se seria seguro, depois de um período de detox, tentar voltar às redes sociais e usá-las de maneira saudável. Você deveria ser a pessoa que melhor se conhece: então use o seu bom senso!

22) Se não confia em si mesmo, entregue as senhas de acesso de suas redes sociais para alguém de sua confiança, que deverá trocá-las para que você não as acesse, mesmo que queira (é a estratégia de trancar os biscoitos e os chocolates em um armário e dar as chaves ao vizinho). Estabeleça um trato com essa pessoa: ela não poderá lhe devolver as senhas antes do prazo de um mês, pelo menos.

23) Troque o seu celular por um modelo mais barato, mais básico e com menos memória. A ideia aqui é torná-lo menos interessante e útil, pois terá menos apps instalados e um menor espaço para armazenamento de fotos. Num arroubo de coragem, cancele sua conta no Google Fotos e outros serviços de nuvem semelhantes (sim, você teve um arrepio na espinha agora, certo?).

24) Estabeleça um novo hábito. Ligue para as pessoas, ao invés de enviar qualquer tipo de mensagem (mesmo as mensagens gravadas no WhatsApp). Da mesma maneira que você se habituou a falar com as pessoas pelo Facebook, por exemplo, você pode desprogramar esse hábito e trocá-lo por outro, muito mais interessante e humano. Talvez você tenha perdido um pouco o traquejo do diálogo telefônico, mas não se preocupe: é como andar de bicicleta – uma vez aprendido, você nunca se esquece.

25) Pratique o exercício da Postergação da Gratificação. Essa atividade foi desenvolvida pelos filósofos estoicos do século IV a.C. e redescoberta e adaptada pela psicologia moderna nos anos 1960 com o famoso experimento do marschmallow[15]. A ideia é desenvolver a "musculatura" do autocontrole, esperando uma certa quantidade de tempo antes de fazer certas atividades, quando você tem vontade de fazê-las. Por exemplo: se você olha para o seu smartphone e fica com vontade de zapear pelas redes sociais, ao invés disso, entre no aplicativo cronômetro e marque um timer de 15 minutos. Nesse intervalo vá fazer outra coisa e somente ponha as mãos no celular quando o timer se esgotar.

Há várias maneiras de usar essa técnica de maneira produtiva. Se você acorda e tem o hábito de checar o celular antes mesmo de se levantar, ou enquanto estiver no vaso sanitário, já deixe um timer programado para no mínimo 20 minutos. Assim que se lembrar do celular, ative o timer e vá fazer sua rotina matinal.

Depois de algum treino, quando o timer tocar, muitas vezes você nem terá mais a necessidade de checar suas redes. O importante é não ceder ao impulso de usar o smartphone de maneira automática.

26) Aprenda a meditar. Existem muitas técnicas excelentes para isso e é bastante provável que você se adapte bem a uma delas. As mais empregadas para o controle dos impulsos e da ansiedade são as diversas práticas conhecidas como mindfulness, bem como outras técnicas meditativas (mântrica, zazen, vipassana etc.) Você colherá benefícios reais mesmo com exercícios curtos de 12 minutos realizados duas vezes ao dia. Permita-nos uma sugestão: considere a possibilidade de experimentar o Curso de Meditação Med-RAM[16], no qual você poderá vivenciar diversas técnicas diferentes, de maneira a descobrir qual delas é a mais adequada para o seu caso. Neste curso, além de poder praticar e descobrir, você entenderá em profundidade os efeitos de cada tipo de técnica sobre o cérebro e que tipo de resultado pode ser esperado com cada uma delas.

27) Pratique técnicas de mindfulness informais ao longo do dia. Por exemplo, quando estiver comendo alguma coisa, procure mastigar mais devagar e perceber a consistência, o sabor e a textura do alimento – principalmente se for algo particularmente gostoso. A ideia geral do mindfulness é viver plenamente o momento presente, concentrando-se naquilo que estiver fazendo. Ao lavar a louça, realmente preste atenção à temperatura da água e às sensações táteis; ao caminhar, reserve um tempo para, ao invés de ouvir música ou um podcast, observar atentamente a paisagem, as pessoas, as árvores, sentir a brisa e tudo o mais que estiver ocorrendo à sua volta. Ao dirigir, preste atenção ao trânsito. Observe as placas dos outros automóveis, o formato das lanternas traseiras, os detalhes da sinalização viária. Observe aquelas coisas às quais você normalmente não presta atenção. Isso treina o cérebro a permanecer mais tempo no presente, ajudando imensamente a desenvolver o controle sobre os impulsos.

28) Pratique técnicas de lentificação motora, como o *tai-chi-chuan* e o *chi-kung* (ou *qi-gong*). Nesses tipos de técnicas, ao lentificar o corpo, acalmamos a mente e disciplinamos os pensamentos. Além de fazer um bem enorme à saúde de forma

geral, tais técnicas são reconhecidas por diminuir sensivelmente o stress, a ansiedade e a falta de foco. Não deixam de ser formas de meditação, porém usando o corpo de maneira dinâmica.

# NOTAS

[1] DSM - Manual Diagnóstico e Estatístico de Transtornos Mentais. Trata-se de uma obra muito importante e de referência sobre os critérios diagnósticos para as doenças mentais e que é utilizada no mundo todo pelos profissionais da área de saúde mental.

[2] https://www.nytimes.com/interactive/2018/01/27/technology/social-media-bots.html?searchResultPosition=10

[3] Essas características também são conhecidas pelos termos *voyeur* e *exibicionista*. Decidimos não usar esses termos porque são muitas vezes associados com atitudes frente à atividade sexual, o que não é, definitivamente, o espírito deste livro.

[4] Por exemplo, o excelente documentário do Netflix intitulado "O Dilema das Redes" ou o livro de Jaron Lanier, "Dez argumentos para deletar suas redes sociais" (ver Bibliografia).

[5] A rigor, outras substâncias neurotransmissoras estão associadas ao funcionamento desse circuito como as endorfinas e a própria serotonina. Mas não vamos transformar esse livro num tratado de neurofisiologia, certo?

[6] Na lógica do *behaviorismo* (a vertente teórica da psicologia da qual B. F. Skinner é um dos representantes mais ilustres), os comportamentos podem ser condicionados e também descondicionados. O condicionamento ocorre por meio do reforço e o descondicionamento por meio da retirada desse reforço durante um longo período de tempo ou também pela punição.

Quando um comportamento é descondicionado, diz-se que foi *extinto*.

[7] Nursalam, N.; Octavia, M.; Tristiana, D. Association between insomnia and social network site use in Indonesian adolescents. **Nursing Forum**, v.54, n. 2, p. 149-156, 2019.

[8] Oh, J. H. et al. Analysis of circadian properties and healthy levels of blue light from smartphones at night. Nature Scientific Reports, n. 5, 2015.

[9] Desmurget, M. **La fabrique du crétin digital**: les dangers des écrans pour nos enfants. Paris: Éditions du Seuil, 2019.

[10] Clayton, R. B.; Nagurney, A.; Smith, J. R. Cheating, breakup, and divorce: Is Facebook use to blame? **Cyberpsychology, Behavior, and Social Networking**, v.16, n.10, p. 717-720, 2013

[11] Pariser, E. The filter bubble: how the new personalized web is changing what we read and how we think. New York: Penguin, 2011.Pariser (2011).

[12] A neuroplasticidade é a propriedade apresentada pelo Sistema Nervoso para mudar e adaptar-se funcional e anatomicamente, quando exposto a novas experiências. Esta propriedade fundamental está associada à mudança de comportamento e aprendizagem de novas habilidades. Já a neurogênese refere-se ao processo de formação de novos neurônios (a célula básica constituinte do nosso sistema nervoso, responsável pela condução dos impulsos nervosos e, em última instância, pela atividade cerebral). Uma revisão de estudos sobre os efeitos das atividades físicas sobre esses dois processos pode ser encontrada no excelente artigo de Nascimento-Castro, Gil-Mohapel e Brocardo (2017).

[13] Embora sem validação científica, o presente questionário foi elaborado a partir da síntese de diversos outros instrumentos disponíveis em pesquisas clínicas e acadêmicas sobre comportamento aditivos. Por exemplo: a conhecida Escala de Sintomas Obsessivo-Compulsivos Yale Brown (Y-BOCS), Internet Addiction Test (IAT de Kimberly Young), Internet Addiction Scale (IAS de Laura Nichols e Richard Nicki), Social Midia Disorder Scale (SMDL de Regina van den Eijnden, Jeroen Lemmens e Patti

Valkenburg) e Facebook Adicction Scale (C. S. Andreassen e colegas).

14 Baikie, K. A.; Wilhelm, K. Emotional and physical health benefits of expressive writing. **Advances in Psychiatric Treatment**, v. 11, p. 338-346, 2005.

15 O experimento do marschmallow conduzido por Walter Mischel (2016) na Universidade de Yale era espantosamente simples: o doce era colocado em frente a uma criança (com aproximadamente 5-6 anos de idade) e a ela era dito que o pesquisador sairia da sala por alguns minutos. Se a criança, durante aquele tempo (tipicamente 10 ou 15 minutos) não comesse o marschmallow, então, quando o pesquisador retornasse, ele daria a ela um doce adicional. Se ela não conseguisse ficar sem comer o doce, então não ganharia nada. Essas crianças foram acompanhadas por um período de até 20 anos após o experimento e o que se descobriu foi espantoso: aquelas que conseguiam não comer o doce (ou seja, conseguiam postergar a gratificação) saiam-se melhor na vida acadêmica e também na vida profissional. Tinham menor probabilidade de se envolver com drogas, passar por um divórcio e muitos outros problemas na vida. A conclusão foi a de que o auto-controle da vontade representa uma das principais forças psíquicas que o ser humano precisa desenvolver para ter uma vida mais satisfatória.

16 http://komorebi.com.br/curso_medram.html

# BIBLIOGRAFIA

Andreassen, C. S.; Pallesen, S.; Griffiths, M. D. The relationship between addictive use of social media, narcissism, and self-esteem:findings from a large national survey. **Addictive Behaviors**, n. 64, 2017.

Baikie, K. A.; Wilhelm, K. Emotional and physical health benefits of expressive writing. **Advances in Psychiatric Treatment**, v. 11, p. 338-346, 2005.

Beutel, M.E. et al. Regular and problematic leisure-time Internet use in the community: results from a german population-based survey. **Cyberpsychology Behavioral Social Network**, n. 14, p. 291–296, 2011.

Bevan, J. L.; Gomez, R.; Sparks, L. Disclosures about important life events on Facebook: Relationships with stress and quality of life. **Computers in Human Behavior**, v.39, p. 246-253, 2014.

Buglass, S.L. et al. Motivators of online vulnerability: the impact of social network site use and FOMO. **Computers and Human Behavior**, n.66, p. 248–255, 2017.

Castro, F. Fake news têm 70% mais chance de viralizar que as notícias verdadeiras. **Estado de São Paulo**, 08 de Março de 2018. Disponível em: https://ciencia.estadao.com.br/noticias/geral,fake-news-se-espalham-70-mais-rapido-que-as-noticias-verdadeiras-diz-novo-estudo,70002219357, 2018.

Carr, N. **The shallows**: what the internet is doing to our brains? New York: Norton, 2010.

Clayton, R. B.; Nagurney, A.; Smith, J. R. Cheating, breakup, and divorce: Is Facebook use to blame? **Cyberpsychology, Behavior, and Social Networking**, v.16, n.10, p. 717-720, 2013.

Delmazo, C.; Valente, J.C. L. Fake news nas redes sociais online: propagação e reações à desinformação em busca de cliques. **Media & Jornalismo**, v.18, n.32, Lisboa, 2018.

Desmurget, M. **La fabrique du crétin digital**: les dangers des écrans pour nos enfants. Paris: Éditions du Seuil, 2019.

Dodds, L. The conspiracy election: how americans embraced the Russian fake news model. **The Telegraph**. Disponível em: https://www.telegraph.co.uk/technology/2020/11/01/conspiracy-election-americans-embraced-russian-fake-news-model. Acesso em: 11-nov-2020.

Echeburúa, E. **Adicciones sin drogas?** Desclèe de Brouwer: Bilbao, Spain, 1999.

Gautier, J. **Le bovarysme, la psychologie dans l'œuvre de Flaubert**. Paris: Collection XIX, 1892.

He, Q.; Turel, O.; Bechara, A. Brain anatomy alterations associated with Social Networking Site (SNS) addiction. **Nature Scientific Reports**. n. 7, p. 1-8, 2017.

Hormes, J. M.; Kearns, B.; Alix Timko, C. Craving facebook? behavioral addiction to online social networking and its association with emotion regulation deficits. **Addiction**, n. 109, 2014.

Kircaburun, K. et al. Uses and gratifications of problematic social media use among university students: a simultaneous examination of the big five personality traits, social media platforms, and social media use motives. **International Journal of Mental Health Addiction**, n. 18, p. 525–547, 2018.

Kircaburun, K.; Griffiths, M. D. Instagram addiction and the big five of personality: the mediating role of self-liking. **Journal of Behavioral Addictions**, n. 1, v. 7, p. 158-170, 2018.

Kuss, D. J.; Griffiths, M. D. Social networking sites and addiction: ten lessons learned. **International Journal of Environmental Research and Public Health**, v.14, n. 3, p. 311-327, 2017.

Lanier, J. **Dez argumentos para você deletar agora suas redes sociais**. Rio de Janeiro: Intrínseca, 2018.

Nascimento-Castro, C. P.; Gil-Mohapel, J.; Brocardo, P. Exercício físico e neuroplasticidade hipocampal: revisão da literatura. **Vitalle Revista de Ciências da Saúde**, v.29, n.2, p. 57-78, 2017.

Med-RAM. Curso de meditação online. Disponível em: www.komorebi.com.br/curso_medram.html.

Milani, L.; Osualdella, D.; Di Blasio, P. Quality of interpersonal relationships and problematic Internet use in adolescence. **Cyberpsychology & Behavior**, v.12, n.6, 2009.

Mischel, W. **O teste do marshmallow**: por que a força de vontade é a chave do sucesso. Rio de Janeiro: Objetiva, 2016.

Morin, E. **Introdução ao pensamento complexo**. Porto Alegre: Sulina, 2005.

Nursalam, N.; Octavia, M.; Tristiana, D. Association between insomnia and social network site use in Indonesian adolescents. **Nursing Forum**, v.54, n. 2, p. 149-156, 2019.

Oh, J. H. et al. Analysis of circadian properties and healthy levels of blue light from smartphones at night. **Nature Scientific Reports**, n. 5, 2015.

Pariser, E. **Beware online "filter bubbles"**. Palestra TED. Disponível em:

<https://www.ted.com/talks/eli_pariser_beware_online_filter_bub bles>. Acesso em: 11-nov-2020.

Pariser, E. **The filter bubble**: how the new personalized web is changing what we read and how we think. New York: Penguin, 2011.

Portal IG. **Fake news marcaram as eleições de 2018:** relembre as 10 mais emblemáticas. **Disponível em:** < https://ultimosegundo.ig.com.br/politica/2018-10-29/10-fake-news-das-eleicoes.html>. Acesso em: 13-nov-2020.

Pressman, S. D.; Jenkins, B.; Moskowitz, J. T. Positive affect and health: what do we know and where next should we go? **Annual Review of Psychology**. v.70, p. 627-650, 2019.

Recuero, R.; Gruzd, A. Cascatas de fake news políticas: um estudo de caso no twitter. **Galáxia**. n. 41, mai-ago, p. 31-47, 2019.

Sheldon, P.; Bryant, K. Instagram: motives for its use and relationship to narcissism and contextual age. **Computers in Human Behavior**, n. 58, p. 89-97, 2016.

Sheldon, P.; Rauschnabel, P. A.; Honeycutt, J. M. **The dark side of social media**: psychological, managerial, and societal perspectives. London: Elsevier, 2019.

Storr, W. **Selfie**: how we became so self-obsessed and what it's doing to us. London, UK: Picador, 2017.

Turel, O.; Serenko, A. The benefits and dangers of enjoyment with social networking websites. **European Journal of Information Systems**. v.21, p. 512-528, 2012.

Turkle, S. **Alone together**: why we expect more from technology and less from each other. Basic Books: Philadelphia, 2013.

# SOBRE OS AUTORES

**Pedro Puech** é médico e escritor. É autor de inúmeros artigos científicos publicados em periódicos indexados, bem como livros técnicos e obras literárias de ficção.

**Fabio Appolinário** é psicólogo, analista de sistemas, mestre e doutor em Psicologia pela USP, consultor empresarial em recursos humanos e escritor.

Contato com os autores: appoli@doctor.com